EXECUTIVA,
A HEROÍNA SOLITÁRIA

EMERSON A. CIOCIOROWSKI

EXECUTIVA,
A HEROÍNA SOLITÁRIA

Prefácio de Amalia Sina

DIRETOR EDITORIAL:
Marcelo C. Araújo

REVISÃO:
Camila C. S. Santos

COORDENAÇÃO EDITORIAL:
Ana Lúcia de Castro Leite

DIAGRAMAÇÃO:
Mauricio Pereira

COPIDESQUE:
Lessandra Muniz de Carvalho

CAPA:
Antonio Carlos Ventura

© Todos os direitos reservados à Editora Ideias & Letras, 2012

Editora Ideias e Letras
Rua Diana, 592, Conj. 121, 12º andar
Perdizes - 05019-000
São Paulo-SP
Tel. (11) 3675-1319
vendas@ideiaseletras.com.br
www.ideiaseletras.com.br

Dados Internacionais de Catalogação na Publicação (CIP)
(Câmara Brasileira do Livro, SP, Brasil)

Ciociorowski, Emerson A.
Executiva, a heroína solitária / Emerson A. Ciociorowski; prefácio de Amalia Sina. - Aparecida, SP: Ideias & Letras, 2012. - (Coleção Management; 9)

Bibliografia.
ISBN 978-85-65893-01-5

1. Executivos - Atitudes 2. Executivos – Conduta de vida 3. Executivos - Psicologia 4. Saúde ocupacional 5. Solidão 6. Sucesso profissional I. Título. II. Série.

08-01636   CDD-658.40019

Índices para catálogo sistemático:

1. Executivos: Aspectos psicológicos:
Administração de empresas 658.40019

Para Cristina Amaral de Almeida Pinto.

Nada posso lhe oferecer que não exista dentro de você mesmo. Não posso abrir-lhe outro mundo, além daquele que há em sua própria alma. Nada posso lhe dar, a não ser a oportunidade, o impulso, a chave. Eu o ajudarei a tornar visível o seu próprio mundo, e isso é tudo.

Hermann Hesse

Agradecimentos

Primeiramente quero agradecer a Deus ter me propiciado uma vida até aqui com a presença de tantas mulheres maravilhosas. Há anos constatei que, apesar da falta precoce de minha mãe, tive a sorte de encontrar muitas mulheres que me acolheram e me ensinaram muito, a começar por Suzy, a segunda esposa de meu pai, que cuidou de mim carinhosamente a partir dos meus 8 anos de idade.

Apesar de sua rápida passagem, minha mãe deixou-me impregnado do sentimento de amor que guardo até hoje em lembranças gravadas em meu corpo. Sempre, quando ela me vem à memória, sinto seu abraço caloroso e carinhoso.

Tive muitas amigas na adolescência, e já adulto trabalhei sempre cercado de mulheres incríveis, desde subordinadas até colegas de trabalho. Mais tarde, clientes executivas, empreendedoras, profissionais liberais e milhares de alunas nos cursos que ministrei em vários cantos do Brasil e no exterior.

Não posso deixar de lembrar as relações que tive em dois casamentos e que sem dúvida foram a preparação para eu poder receber Cristina, minha mulher. A esta quero não só agradecer, mas dedicar este livro. Guerreira, parceira, cúmplice e companheira, surgiu num momento muito peculiar como uma verdadeira dádiva de Deus. Essa mulher resgatou dentro de mim muito de minha alma, da amorosidade, e me fez refletir sobre muitos aspectos, além de me fazer perceber ainda mais a importância das mulheres e o significado da palavra "amor". Além do mais, tenho-a como exemplo da mulher contemporânea que deu certo, superando-se nas adversidades, com foco no que deseja, com flexibilidade, um alto grau de inteligência emocional, buscando o sucesso no trabalho como empreendedora, sem se deixar embebedar pelo plano material, e dando conta, na medida certa, de seu papel de mãe, de tia, de amiga, além de cuidar do corpo, da alimentação e de seu desenvolvimento espiritual.

Cristina, além de me incentivar na elaboração deste livro, foi paciente na leitura dos primeiros rabiscos, incentivando, trocando ideias, sugerindo reflexões. E por ela trabalhar no ramo da moda, me ensinou como o ato de uma mulher se vestir, além de estabelecer comunicação com o mundo exterior, pode dar força e segurança para as batalhas do dia a dia.

Quero agradecer igualmente a algumas mulheres especiais que me mostraram o caminho da espiritualidade, proporcionando uma dimensão mais rica de vivências e despertando a essência de minha alma. Entre elas, gostaria de citar especialmente Leni Erica Gut, mestre Reiki, e Maria Isabel Moreira Sales, psicanalista.

Quero agradecer também a duas mulheres especiais: Vera Goulet, minha irmã que vive nos Estados Unidos e de cujo convívio fui privado pela vida durante 44 anos, pois sequer sabia de sua existência, e Ana Merelo, minha amiga que reside em Lisboa. Ambas me receberam várias vezes para pacientemente ouvir meus dilemas, e nesses momentos recebi atenção e percebi o que é amor, acolhimento e respeito.

E, por último, gostaria muito de agradecer aos milhares de mulheres que passaram pelas minhas palestras e cursos, assim como a minhas clientes de coaching, que, sem dúvida, foram fundamentais para meu pequeno aprendizado sobre o universo feminino. A estas quero agradecer a confiança de abrir suas experiências e a essência de sua alma, mostrando seus sentimentos, suas angústias, os obstáculos e os sonhos, além de dividir seus projetos de vida.

A todas vocês, meu muito obrigado e minha torcida para que continuem sua grande jornada de serem mulheres maravilhosas!

São Paulo, fevereiro de 2012

Sumário

PREFÁCIO - 13
INTRODUÇÃO - 17

1. Revolução feminina e o novo papel da mulher - 27
2. A síndrome da executiva: a heroína solitária - 37
3. O mundo corporativo: muito medo e pouco amor. Precisamos de mais mulheres - 45
4. O velho paradigma: mulher é mais fraca porque é mais emocional - 55
5. A heroína solitária e suas decisões - 65
6. Reconhecendo seus limites - 73
7. O inimigo oculto: o ranço do papel de mãe nas relações dentro das empresas - 79
8. Estresse: procure lidar com ele, uma vez que não há como evitá-lo - 89
9. Planejar o desenvolvimento profissional, sim; controlar o mundo, não - 105
10. Valores, a mulher precisa resgatá-los - 115
11. O riso e o condicionamento físico: dois remédios para a depressão, a ansiedade e o mau humor - 121
12. A mulher e a maneira de administrar o estresse - 141
13. Administrar o tempo e a vida em função de seus valores - 149
14. Reconhecimento: o valor que move as pessoas e pode criar reféns - 161
15. Talentos: com certeza você tem os seus - 171

16. Equilibrando os pratos da roda da vida - 181
17. Procurando ajuda de um coach - 193
18. Vestir-se bem e com personalidade - 205
19. Menopausa? Reveja seus conceitos - 215
20. Saber a hora de mudar o ritmo, parar nunca! - 225
21. Afinal, o que é o sucesso para você? - 233

CONCLUSÃO - 241
REFERÊNCIAS BIBLIOGRÁFICAS - 247
BIBLIOGRAFIA RECOMENDADA - 249
SITES RECOMENDADOS - 253

Prefácio

A felicidade é a única coisa que podemos dar sem possuir, disse Voltaire. Na maioria das vezes a procuramos em locais e em objetos que jamais nos farão verdadeiramente felizes. Felicidade não é fruto do acaso, não é diamante encontrado em minas, mas não deixa de ser uma joia. Com o amadurecimento aprendemos que ser feliz é precioso, raro, e começa dentro de nós mesmos.

Ser feliz é algo que leva tempo para se atingir, pois o caminho das grandes reflexões exige dedicação, autoconhecimento e tempo. E o tempo nos foge entre os dedos. E ainda assim, optamos por consumi-lo com coisas que nos desgastam e até mesmo nos fazem sofrer. Tudo é uma questão de escolha.

Durante mais de duas décadas fui executiva de grandes multinacionais, reportando-me a pessoas que nunca estavam no meu país, com as quais não compartilhava o cotidiano e nem mesmo o fuso horário. A distância me afastava de casa, do meu filho, da família e dos meus amigos. A escalada na carreira era proporcional ao tempo que ficava mais sozinha e, consequentemente, acabava por me sentir também mais solitária, apesar de sempre rodeada de gente. Uma verdadeira solidão coletiva.

Escolhas como essa nos tornam cidadãos do mundo e de lugar nenhum. Deixamos de pertencer ao nosso país para pertencer às poltronas dos aviões e aos grandes ambientes em cada cidade. Abraços, beijos e carinho daqueles que amamos passam a ser vozes por celulares ou palavras trocadas em rápidos e-mails. Quantas vezes estive em restaurantes e hotéis, acompanhada de outros executivos, que como eu, também deveriam estar pensando como estariam seus filhos, seus amados e o bem-estar de suas casas. Eu costumava mencionar a beleza da lua com meus entes queridos, e saber que, linda, ela também estava lá do outro lado do mundo. Era uma conexão que me acalentava, já que a saudade naqueles momentos era minha companheira.

Não é fácil e é preciso ter consciência disso. Lá na frente, quando o tempo tiver passado, não se deve olhar para trás e temer por não ter valido a pena. Porque sempre vale. Minha trajetória valeu cada centímetro de estrada. Valorizo todos os momentos felizes e positivos de minha vida executiva como presidente de grandes empresas. Aliás, sinto até uma pontinha de orgulho por todo o resultado que obtive. É também uma satisfação a mais poder inspirar aquelas pessoas que ainda estão lutando na construção das suas carreiras. Tive muitos momentos de dificuldade, mas hoje sei que eram necessários e que me fizeram mais forte e capacitada. Eles existiram e aprendi com cada um deles. Mas é preciso saber e aceitar que as dificuldades existem e que as dores dos dias solitários farão parte da rotina, tanto quanto o fazer e desfazer das malas, os check-in em aeroportos ou as reuniões enfadonhas.

Sendo assim, com a consciência em paz por saber que escolheu esse caminho, irá de maneira madura, aprender a conviver com as vantagens e desvantagens, angústias e prazeres que existem na vida de quem faz essas escolhas.

Não foram poucos os momentos em que fui responsável por vários países, liderando muita gente e, às vezes, interferindo diretamente em sua vida com decisões difíceis. Tive de lidar com as fraquezas de alguns que estiveram ao meu lado, afinal, isso faz parte de nós, seres humanos. Como Emerson cita nesta obra, reconhecer nossas limitações é o primeiro passo para superá-las. Porém, cabe enfatizar que há também o reverso da moeda: pessoas com espírito de grandeza, líderes vitoriosos, leais e comprometidos.

PREFÁCIO

Mundo cão? Pode ser ou não. O mundo é um reflexo de como lidamos com ele. Se entendermos que somos responsáveis por nossas escolhas e com serenidade avaliarmos as consequências dos nossos atos, trilhar o que escolhemos poderá ser mais fácil e prazeroso.

Para mim, os obstáculos sempre foram estímulos para que eu seguisse adiante e contribuísse para que eu me tornasse uma profissional realizada. Ainda assim, cada pessoa é um universo único e saber lidar com desejos e anseios é algo que exige arriscar, escolher, mirar precisamente para buscar o que se quer na vida pessoal e profissional. Não significa romper com os padrões e criar um universo particular, mas saber que será necessário buscar equilíbrio emocional.

A solidão pode fazer parte da vida desde que seja uma opção, o que Emerson explora no sentido de "solitude". Por outro lado, se sentir solitária é algo que deve ser analisado constantemente. O mais importante é fazer escolhas, e uma vez escolhido um caminho, seguir a passos firmes rumo à felicidade.

Apoiados em Voltaire, busquemos a felicidade suficiente para distribuir a todos, a quem tem e a quem não tem. Assim agindo, estaremos no caminho da realização e da prática do bem, que é a base para ser feliz.

É disso que trata esta singular obra. De forma sensível, porém direta, sem dar voltas, detalha um tema que é pouco abordado na literatura. Já estava mais do que na hora de alguém abrir essa porta e ajudar tantas heroínas que estão sós a refletirem sobre suas vidas. A obra tem o poder de alertar as executivas que a felicidade pode ser também uma de suas companheiras.

Emerson, sua contribuição é de grande valor! Bravo!

Amalia Sina

Foi presidente da Philip Morris International Brasil, presidente da Walita Eletrodomésticos e vice-presidente da Philips Eletrônicos para América Latina. Atualmente é proprietária e presidente da Sina Cosméticos.

Introdução

Ao longo do tempo em que escrevi este livro, troquei ideias com várias mulheres, expondo os temas que iria abordar. Essas mulheres eram profissionais executivas e empreendedoras. Muitas delas comentaram que, apesar de concordarem com minhas ideias, eu iria encontrar leitoras que discordariam do que escrevi.

Essa é minha intenção. Afinal, quem sou eu para pedir unanimidade quanto a minha visão parcial e limitada de um homem procurando compreender a mulher? Impossível! Como digo, mal posso compreender-me, o que dirá compreender o outro.

Outra questão que me tira qualquer pretensão de encontrar unanimidade é o fato de que, por mais que evitemos, sempre caímos na tentação de generalizar, num processo mental que nos leva a falar a partir de nosso ponto de vista.

No entanto, mais importante do que ter sua concordância, para mim, você leitora, é um ser único no universo, com características únicas, que reage e se comporta de maneira única pela mistura de sua personalidade, experiências e vivências. Portanto, seria muita pretensão de minha parte querer colocar a "minha verdade" para você.

Ao mesmo tempo, quero advertir que se você comprou este livro esperando muitas respostas para suas perguntas, provavelmente terminará a leitura com muito mais perguntas do que agora que iniciou a leitura. Pelo menos esse é meu objetivo.

Uma grande parte da população hoje compra livros que se classificam como "autoajuda", mas que na verdade querem ser ajudados, com suas fórmulas baratas e rápidas e o suposto poder de ocasionar mudanças diante do menor esforço possível, e de preferência tocando o mínimo possível em aspectos que possam deixar o leitor desconfortável diante de sua maneira de conduzir a própria vida. Esses leitores são, como conta uma metáfora conhecida, verdadeiros sapos em água morna, que vagarosamente vão sendo cozidos, sem se dar conta disso.

O objetivo aqui é provocar mulheres e homens – eles também, por que não? – a refletir e avaliar sua vida, assumindo a responsabilidade de buscar o que realmente os façam felizes. A ideia é provocar o despertar para uma nova dimensão de vida. Ficaria muito feliz se pudesse criar uma nova categoria de livros: em vez de autoajuda, seriam de "autorreflexão", na qual este livro se encaixaria.

Minha experiência como escritor é recente e, como menciono em meu livro anterior *Executivo, o super-homem solitário*, não tenho a menor pretensão de ser o dono da verdade. Meu grande desejo aqui é dividir com você, leitora, minhas experiências de vida pessoal e profissional, minhas reflexões, assim como minha vivência como coach de uma série de pessoas que resolveram discutir comigo aquilo que elas têm de mais sagrado, ou seja, suas angústias e aflições, seus medos, suas dúvidas, seus desejos e sonhos.

A inspiração para escrever este livro para a mulher executiva, empreendedora e profissional liberal surgiu no momento em que estava quase completo meu primeiro livro, *Executivo, o super-homem solitário*, uma vez que minha experiência com mulheres, que poderia dizer somam 60% de meus clientes, me dá um conhecimento razoável do mundo feminino, o qual, sem dúvida, possui características completamente diferentes do masculino e mereceria "um capítulo" à parte.

Introdução

Assim, tomarei a liberdade de em muitas ocasiões repetir pesquisas, informações e ideias que constam daquele primeiro trabalho. Não vou aqui tentar "inventar a roda" em relação a temas que envolvem o ser humano, independentemente do gênero.

Com certeza, podemos transferir informações; no entanto, não podemos transferir vivências. Cada um de nós é um universo à parte, repleto de experiências que nos marcam nas profundezas da mente e até em nossas células e músculos. Portanto, reagimos ao mundo que nos cerca de maneira única, baseados nas respostas que temos dentro de nós, frutos de nossas memórias e emoções relacionadas ao passado, desencadeadas a partir de qualquer fato que venha do mundo exterior ou de nossa imaginação. Assim, somos únicos e não adianta querermos transferir nossas experiências. Mas posso compartilhar informações que poderão ser aproveitadas e trabalhadas por você, a partir de seu ponto de vista.

Minha tarefa com este livro é bem ousada, pois pretendo provocar você, leitora, para que reflita sobre seu papel de mulher, sobre sua própria vida pessoal e profissional, bem como sobre o contexto sociocultural em que está envolvida, percebendo o quanto é necessário ser responsável por sua vida. Pretendo que você reflita sobre o verdadeiro papel que a mulher profissional deve buscar desempenhar num mundo corporativo com menos medo e mais amor, ao invés de buscar desenvolver o papel do homem, que tanto enrijeceu o ambiente das empresas e o tornou um ambiente onde apenas a ganância, a performance e a competição são os únicos valores. Com isso, estamos colhendo os frutos de desequilíbrios, desarmonias, estresse e crises que aumentam ainda mais o medo. Ou seja, hoje o mundo corporativo se tornou para muitos um pesadelo ameaçador que não dá prazer e realiza as pessoas de maneira rasa, ao invés de ser um veículo de aprendizado e autodesenvolvimento.

Quero sim chamar as mulheres para que assumam a responsabilidade de sua própria vida e assumam uma nova responsabilidade dentro das empresas. E, como costumo fazer, vou recorrer aos dicionários de língua portuguesa e de filosofia para definir o que é responsabilidade e perceber por que muitas vezes tendemos a fugir dela.

Assim, vamos à primeira questão: o que é ser responsável, segundo o *Dicionário Aurélio da língua portuguesa*?

"Responsável", derivado do francês [*responsable*], aquele que garante, que responde por, originalmente vem do latim [*responsus*]. É um adjetivo com algumas acepções: "1. Que responde pelos próprios atos e/ou pelos de outrem; 2. Pessoa responsável por alguma coisa ou alguém; 3. Indivíduo faltoso; culpado".

Aqui, gostaria de chamar sua atenção para o fato de, no próprio dicionário de língua portuguesa acima citado, a palavra "responsável" estar relacionada a "culpado". É isto que acontece na prática: as pessoas esquivam-se de trazer responsabilidades para si evitando disparar o gatilho da culpa. Entretanto, é proveitoso apresentar essa conotação segundo outro ponto de vista, como sugere a definição de "responsabilidade" no *Dicionário de filosofia de Nicola Abbagnano*: "Possibilidade de prever os efeitos do próprio comportamento e de corrigi-lo com base em tal previsão". Esse conceito é diferente do de imputabilidade, do latim [*imputatio*]. Continuando: "O termo 'responsabilidade' e seu conceito são relativamente recentes; aparecem pela primeira vez em inglês em 1787, com um significado político". Elogia-se alguém dizendo que é "responsável" ou que tem "senso de responsabilidade" quando se pretende dizer que a pessoa em questão inclui em seu comportamento a previsão dos possíveis efeitos dele decorrentes.

No entanto, para sermos responsáveis, precisamos tomar consciência de nossos atos. Para isso é fundamental que, de vez em quando, possamos dar uma parada e então prestar atenção em nós mesmos. Hoje vivemos com nosso piloto automático ligado, sempre respondendo a demandas do meio exterior e não tendo tempo para nós mesmos. Para a mulher moderna, essa executiva "heroína", isso quase se torna uma tarefa impossível. E cuidado que, quando falo da mulher ter tempo para ela mesmo, não é ter tempo para cuidar apenas do corpo, do relaxamento, do lazer e do ócio. Refiro-me a ter tempo para seus questionamentos, avaliações e tomadas de decisão conscientes, para reflexões sobre sua vida que permitam abrir espaço para o sentimento de sua plena realização.

As mulheres têm uma vantagem física em relação ao homem no que diz respeito ao acesso a suas emoções. O corpo caloso, que é um feixe de ligações entre o hemisfério direito e o esquerdo do cérebro, é privilegiado nas mulheres, nas quais conta com mais conexões, o que lhes permite acessar mais rapidamente suas emoções do que os homens.

Entretanto, nossa cultura machista também impõe às mulheres a falta de contato com suas verdadeiras emoções, interpretando o contrário como algo que enfraquece o desempenho profissional. Posso notar claramente, em várias executivas com quem tenho trabalhado, uma grande dificuldade de expressar suas emoções. Muitas vezes, é pura demonstração de falta de acesso aos sentimentos, o que vai deixando a pessoa com um limitado grau de inteligência emocional. Daí para uma comunicação inadequada e para a prepotência pela falta de reconhecimento daquilo que a amedronta é um passo muito pequeno.

Ao longo de quase 30 anos trabalhando dentro do ambiente corporativo, ora assumindo papel de empregado, ora consultor e coach, além de escritor mais recentemente, tenho tido muito contato com as mulheres executivas, heroínas solitárias, e com todos os problemas que o exercício desse papel representa e sua imensa solidão nos momentos importantes de sua vida.

Tenho exemplo de situações difíceis. Lembro de um caso em que tive contato oito vezes em um só dia com uma cliente que estava diante de um grave e grande problema dentro da empresa; ela estava sendo "fritada" por não compactuar com questões de caráter ético com seus colegas diretores. Antes de mais nada, ela se sentia muito só, e meu suporte se mostrou fundamental para a decisão que ela tomou e culminou numa virada incrível e bem-sucedida, com a dispensa de toda a diretoria da empresa.

Por outro lado, muito de minha reflexão vem da discussão e das vivências de executivos que se queixam de como suas "chefas" os tratam e das dificuldades que essa relação pode gerar se mal administrada.

Não vou deixar passar a oportunidade de abordar os vários aspectos da inteligência emocional, tema desenvolvido pelo dr. Daniel Goleman e sua equipe da Universidade de Harvard.

Parece-me igualmente muito oportuno refletir sobre nossas vidas tendo também como pano de fundo a crise financeira que assolou o mundo no final de 2008 e cujo impacto ainda vivenciamos, forçando-nos a um processo de revisão de nossos valores.

A crise financeira, a globalização, o corre-corre do dia a dia das mulheres no desenvolvimento dos vários papéis em três ou quatro turnos por dia trazem duas questões cruciais: o estresse e a administração do tempo. Hoje, as mulheres são forçadas a fazer um número muito maior de escolhas do que suas mães e suas avós. Com os inúmeros papéis que desempenham, suas escolhas vão desde a simples eleição da pasta de dente, passando pela escola dos filhos até as decisões complexas que devem ser tomadas no desempenho de sua função de executiva ou empreendedora.

As mulheres hoje têm de fazer muito mais escolhas a todo momento, e por isso abordo a questão dos valores, que é uma das colunas do trabalho que desenvolvo como coach, e percebo claramente que, quando as pessoas passam pelo processo de coaching centrado em valores, elas não conseguem ficar iguais. A crise financeira mundial de 2008 colocou às claras uma forte crise de valores e o quanto nossas vidas são baseadas nos valores dos outros, da mídia, da moda supérflua, em vez de nos fundamentarmos em nossos valores internos, ligados a nossa identidade e que nos fazem ser seres únicos! Nossa cultura, nossa família, nosso meio acadêmico não nos dão oportunidade de refletir sobre o que é realmente importante para nós.

Meus estudos e meu trabalho estão sedimentados na abordagem dos valores feita pelo antropólogo Gregory Bateson. Ele afirma que os valores são a base de nossas escolhas e, concluo, são também a base para administrarmos nosso tempo, pois esse processo não é nada mais do que eleger prioridades dentro do tempo que nos é alocado.

Nos cursos sobre administração de tempo que ministro tenho registrado que cerca de 90% das pessoas não sabem exatamente como utilizam seu tempo, e que pelo menos 70% delas odeiam usar agenda ou qualquer outra tecnologia para racionalizar seu tempo.

A depressão com certeza é o mal de nosso século, e as mulheres infelizmente se tornam mais suscetíveis a ela. O fato é que a mulher, por sua natureza, produz menos serotonina do que o homem, chegando até a 50% menos num período de 24 horas. Isso contribui não só para a baixa de seu nível de humor como também dificulta para ela superar os momentos de crise, em comparação com os homens. Outra questão que abordo é a ansiedade, algo muito comum entre as mulheres. Existem razões para isso e tentaremos refletir sobre o assunto, uma vez que o tabu em tocar nesses temas vem sendo superado ano a ano.

A Organização Mundial da Saúde (OMS) estima que, nos próximos 20 anos, a depressão deve se tornar a doença mais comum do mundo, afetando mais pessoas do que qualquer outro problema de saúde, incluindo câncer e doenças cardíacas. De acordo com a OMS, a depressão atinge 121 milhões de pessoas ao redor do mundo e está entre as principais causas que contribuem para incapacitar um indivíduo para o exercício de suas funções. Alguns anos atrás, em conversa com o diretor de medicina preventiva de um dos grandes convênios médicos com sede em São Paulo, tomei conhecimento de que 14% de seus conveniados têm sintomas de depressão. Numa pesquisa realizada com aproximadamente 800 pessoas, concluímos que 19% tem sintomas de algum grau de depressão. Esses dados são importantes para as organizações porque podem explicar alguns comportamentos, como falta de motivação, desânimo, conflitos, ou o "pavio curto" de alguns executivos, o que pode levar a um processo de esgotamento (burnout).

A prática de uma atividade física e o riso são abordados no capítulo 11. Além de propiciar uma vida saudável, é fortemente recomendável como terapia auxiliar no tratamento da depressão e da ansiedade. Além disso, nesses dias em que imperam a medicina diagnóstica e somos vistos como seres em pedaços, recomendo fortemente que você, leitora, tenha sempre o acompanhamento de um médico clínico de confiança com quem você possa criar um vínculo de proximidade. A figura de seu médico é muito importante, sempre.

Dedico um capítulo para falar da questão do reconhecimento, valor que pode nos estimular e motivar, mas pode nos tornar reféns. O desejo de reconhecimento é algo antigo em cada um de nós, e procuro abordar esse processo segundo uma visão capaz de eventualmente desarmar a armadilha que, com certeza, começou a ser construída na mais tenra infância por atitudes de nossos pais e que mais tarde foi reforçada por nossos mestres e amplificada pelo ambiente em que vivemos.

Neste mundo de constantes mudanças, o planejamento pode parecer um paradoxo, mas precisamos rever alguns conceitos e perceber que planejamento é um processo dinâmico e mutável conforme o contexto. O planejamento irá ajudá-la a ter uma visão mais ampla, trará mais segurança, estabelecerá limites e também irá ajudá-la a administrar seu escasso tempo.

Embora planejar seja apenas ter um instrumento de navegação, você pode ter certeza de que o universo é generoso. Ele está sempre lhe enviando sinais. Com intuição e serenidade, você pode captar esses sinais com a maior facilidade. Mais uma vez, a responsabilidade pela sintonia é só sua. Ninguém pode fazer isso por você!

Procuro abordar questões bem femininas, como o processo histórico do surgimento do feminismo, as questões fisiológicas da mulher, os cuidados com a saúde, a menopausa e o vestir-se como ferramenta da comunicação.

Preparar a carreira e a mudança de ritmo e de papéis no processo de aposentadoria é algo que abordo buscando lembrá-la de não relegar essa questão a um segundo plano, pois a vida é curta e essa fase chega rapidamente, devendo ser aproveitada em sua plenitude.

O último capítulo traz uma provocação sobre o que é sucesso, propondo uma reflexão sobre quanto você pode ter sucesso e ser feliz à sua moda.

Caso, dentro desse processo de leitura, você sinta a necessidade de dividir essas questões com alguém que possa contribuir com seu momento de vida, sugiro um processo de coaching, atividade que, embora tão recente em nosso país, já está sendo banalizada. Por isso mesmo, dedico um capítulo para explicar e desmistificar a atividade de coaching, que para mim tem uma função muito nobre e certamente de caráter impactante na sociedade contemporânea.

Para terminar, gostaria de deixar claro que tenho uma visão otimista do papel da mulher na sociedade e principalmente dentro do mundo corporativo. Sem dúvida, com seus talentos e competências singulares, a mulher pode ser o instrumento de mudanças neste mundo corporativo de hoje, permeado por medos, insegurança e uma competição exacerbada que chega muitas vezes à crueldade.

Acredito que as mudanças de papéis ainda não foram totalmente absorvidas pelas mulheres e pelos homens, mas estamos no caminho de a mulher dar uma contribuição única e marcante para tornarmos melhor o mundo que temos aqui, agora, e que se mostra esgotado na busca da tão almejada felicidade.

Espero poder fazer você, leitora, refletir e perceber suas múltiplas possibilidades, fazendo um balanço de sua vida, e ser o gatilho para você encontrar seu caminho rumo a uma vida com plenitude e felicidade, sem ter de se sentir uma heroína solitária.

CAPÍTULO I

REVOLUÇÃO FEMININA E O NOVO PAPEL DA MULHER

A executiva de saias não deu certo. São inúmeros os sacrifícios e as dificuldades da mulher quando ela concilia seus papéis familiares e profissionais. É obrigada a utilizar estratégias complicadas para dar conta do que os sociólogos chamam de "dobradinha infernal". Ao investir na carreira, ela hipoteca sua vida familiar ou sacrifica seu tempo livre para o prazer. Depressão e isolamento se combinam num coquetel regado a Botox.
Mary Del Priore
Doutora em história social pela Universidade de São Paulo

Escolhi a frase acima para iniciar este livro com o intuito de provocar você, leitora. Na medida em que ela é polêmica, não tem unanimidade e, assim, passa a ser uma ferramenta para despertar nossa capacidade de reflexão. Rara é a semana na qual não encontro uma mulher, principalmente as mais experientes, que reclama da tal "liberação feminina": "No final não vejo nenhuma vantagem para nós mulheres. Ganhamos alguns direitos e perdemos vários. E, pior, estamos mais estressadas com tantas obrigações".

Se voltarmos no tempo, o movimento feminista, que buscava a "igualdade" entre o homem e a mulher, é um movimento que teve vertentes sociais, filosóficas e políticas e se iniciou no século XIX. O principal foco das que lutavam era o direito à propriedade e ao voto, além de uma reação aos casamentos arranjados, que culminou com a revolução sexual. Esse movimento foi fortemente impulsionado durante a Segunda

Guerra Mundial e acabou desaguando no surgimento da pílula anticoncepcional, a partir de pesquisas patrocinadas pela norte-americana Katharine Dexter McCormick (27 de agosto de 1875 – 28 de dezembro de 1967), bióloga que herdou uma fortuna significativa quando da morte de seu marido.

Segundo alguns estudiosos o feminismo teve seu início nos Estados Unidos e no Reino Unido e daí tomou conta do mundo. No entanto, desde os primeiros movimentos, mulheres como Voltairine de Cleyre e Margaret Sanger já faziam campanhas pelos direitos sexuais.

Em 1918, foi aprovado no Reino Unido o Representation of the People Act, que concedeu pela primeira vez o voto às mulheres acima de 30 anos de idade. Esse direito foi ampliado em 1928 para todas as mulheres maiores de 21 anos de idade. Enquanto isso nos Estados Unidos, em 1919, foi aprovada a 19ª Emenda à Constituição dos Estados Unidos, concedendo às mulheres o direito de voto.

Mas foi durante a Segunda Guerra Mundial que as mulheres tiveram papel de destaque, entrando de cabeça nos processos produtivos no lugar dos homens que iam para a frente de batalha. As mulheres dessa época acabaram indo para os estaleiros construir navios, para a condução das linhas férreas e principalmente para a indústria bélica, na fabricação de artefatos de guerra, como tanques, armas e aviões. Com sua habilidade e refinamento, as mulheres puderam mostrar efetivamente sua capacidade produtiva, e isso teve tal impacto em seu papel de cidadãs que, depois da guerra, as coisas nunca mais voltaram a ser o que eram.

Sem dúvida, porém, a revolução feminina tomou corpo quando Katherine McCormick e Margaret Sanger financiaram o cientista Gregory Pincus para pesquisar uma pílula contra a gravidez que fosse fácil de usar, eficiente e barata. E assim, em 1957, Pincus conseguiu aprovar a venda de sua pílula, a Enovid-10, que foi definitivamente aprovada nos Estados Unidos em 1960, e aí sim se iniciou sua venda em massa, que hoje atinge milhões de mulheres ao redor do mundo.

Apesar da resistência da sociedade machista e de setores religiosos, a mulher passou a usar a pílula, dando-se pleno direito à sua sexualidade sem o risco de engravidar.

Já na França foi só em 1967, apenas alguns meses antes do início dos protestos de maio de 1968, que a pílula teve sua venda aprovada. Sem dúvida, a pílula foi o fator decisivo na libertação da mulher e um aspecto fundamental no processo da revolução sexual, que culminou com o movimento de maio de 1968, iniciado na França.

O passo seguinte foi a união, em 1969, do ímpeto da revolução sexual com a contestação à Guerra do Vietnã, que serviu de inspiração para um dos maiores eventos já conhecidos no mundo da música: o Festival de Woodstock, cujo lema era paz, amor e rock-and-roll.

Neste ponto, gostaria de lembrar uma questão fundamental que está relacionada aos estudos sobre o matriarcado, que muitas vezes ficam restritos ao ambiente acadêmico. O matriarcado é uma forma de organização social em que a mulher-mãe tem uma posição dominante, de autoridade absoluta, sobre a família ou um grupo, ou em que uma ou mais mulheres (como num conselho) exercem poder sobre uma comunidade, diferentemente da ginocracia, oriunda do termo grego γυναικοκρατία, a saber, o governo com domínio da mulher. Existem ainda em algumas poucas culturas e religiões, associadas ao matriarcado, a adoração de divindades femininas da fertilidade e da maternidade.

Segundo o antropólogo suíço J. J. Bachofen (1815-1887), a hipótese de clãs matriarcais pode ser confirmada pela descrição da trajetória da economia do período paleolítico (de 2,6 milhões de anos a 10.000 a.C.), caracterizada por grupos de caçadores-coletores, que recolhiam o que a natureza provê ao homem naturalmente. Essa atividade de subsistência precedeu a própria revolução neolítica (de 10.000 a 3.000 a.C.) e o consequente efeito da sedentarização, que caminhou para que as mulheres desempenhassem um papel importante dentro das civilizações agrícolas do Egito e da Mesopotâmia, entre outras regiões. O passo seguinte veio com a atividade da pecuária e com a domesticação dos animais, o que acabou por consolidar o surgimento do patriarcado.

A mitologia grega apresenta Apolo matando a sacerdotisa Píton e dividindo seu corpo em dois, como uma ação necessária para se apossar do oráculo de Delfos. Já os estudiosos da mitologia babilônica associam a esse processo o assassinato da deusa Tiamat pelo deus Marduk. Este dividiu seu corpo em dois, o que é considerado o símbolo da mudança de poder do matriarcado para o patriarcado: Tiamat, a deusa dragão do caos e das trevas, é combatida por Marduk, deus da justiça e da luz.

Alguns autores modernos analisam a história da criação do Gênesis segundo um ponto de vista não cristão, trazendo a divindade hebraica Yahweh, que suplanta a religião da deusa-mãe, representada pela árvore da vida.

Provar o fruto da árvore da vida está relacionado com a origem do pecado, pois esse conhecimento – proibido – está relacionado com as questões do sexo, da sexualidade e da reprodução. No momento em que os homens se inteiram do processo da reprodução, tem início o processo pelo qual as sociedades matriarcais e matrilineares tradicionais começam a ser substituídas pelas sociedades patriarcais, com pleno domínio do homem sobre a mulher.

Nos tempos modernos, desde o começo do século XX, se por um lado houve ganhos para as mulheres em termos de poder optar pelo exercício de sua sexualidade, ter o direito ao voto, à propriedade e não se sujeitar aos abusos dos maridos e companheiros, creio que passamos por um momento ainda de transição quanto aos papéis a ser desempenhados pelo homem e pela mulher. Vemos um desconforto dos muitos que reclamam, independentemente de seu gênero.

Além do estresse, fruto do excesso de papéis a ser desenvolvidos, e da pressão da responsabilidade quanto ao ganho financeiro dentro da família – segundo dados coletados por Cristina Navarro Alttiman e Simone de Góes Costa, em 10 anos, de 1996 a 2006, houve um crescimento de 79% na participação das mulheres como chefes de família no Brasil –, existem ainda questões cruciais para muitas mulheres, por exemplo, segundo a visão de alguns estudiosos, mesmo depois de divorciadas, manterem o sobrenome do marido, talvez para poderem representar o papel de que "pertencem a algum homem", ou porque a ligação a um homem lhes confere credibilidade.

A ditadura da aparência é outra questão de destaque, na medida em que certas mulheres perdem o bom-senso, construindo para si uma rotina de insatisfação plena com seu corpo, sujeitando-se a cirurgias plásticas sistemáticas a cada dois anos, sem contar as garotas na faixa dos 20 anos que já passaram por inúmeras cirurgias plásticas dada a insatisfação com seu corpo frente a uma sociedade que cobra uma beleza padronizada.

Não que eu seja contra a cirurgia plástica, muito pelo contrário, mas o que não se pode fazer é aceitar a ditadura da beleza plástica que, infelizmente, a sociedade de consumo nos impõe. Ora, se uma das grandes justificativas para a plástica é a pessoa se sentir bem com seu próprio corpo, não podemos deixar de apontar a infelicidade que surge a cada dois, três anos, porque a mulher prioriza apenas o aspecto estético. Ademais, a obsessão com o não envelhecimento cada dia ganha mais espaço e leva as mulheres a correr riscos sérios de saúde.

Claro que o Brasil, 2° lugar disparado em cirurgias plásticas no mundo, tem ainda o agravante do alto grau de exposição do corpo devido à liberalização da mulher num país tropical de praias paradisíacas. É curioso que o estigma de ser "objeto sexual" não estava na cartilha do feminismo, mas foi o que acabou acontecendo.

Recentemente, por ocasião do Dia Internacional da Mulher, Mary Del Priore, especialista em história do Brasil, doutora em história social pela Universidade de São Paulo e pós-doutorada pela École des Hautes Études en Sciences Sociales, na França, deu uma contundente entrevista à revista *IstoÉ* sobre essa questão:

> No decorrer deste século, a brasileira se despiu. O nu, na tevê, nas revistas e nas praias incentivou o corpo a se desvelar em público. A solução foi cobri-lo de creme, colágeno e silicone. O corpo se tornou fonte inesgotável de ansiedade e frustração. Diferentemente de nossas avós, não nos preocupamos mais em salvar nossas almas, mas em salvar nossos corpos da rejeição social. Nosso tormento não é o fogo do inferno, mas a balança e o espelho. É uma nova forma de submissão feminina. Não em relação aos pais, irmãos, maridos ou chefes, mas à mídia. Não vemos mulheres liberadas se submeterem a regimes drásticos para caber no tamanho 38? Não as vemos se desfigurar com as sucessivas cirurgias plásticas, se negando a envelhecer com serenidade? Se as mulheres orientais ficam trancadas em haréns, as ocidentais têm outra prisão: a imagem (DEL PRIORE, 2010).

A jornalista Maureen Dowd, colunista do *The New York Times*, em recente entrevista publicada na revista *Veja*, arrematou:

> O movimento feminista tentou mudar a mulher, o que é impossível. Se você quisesse falar sobre homens bonitos, bebês, sapatos e roupas, era imediatamente rotulada de maneira negativa. Isso é um grande erro. Mulheres falam disso e gostam disso. Não se pode apagar o que é a mulher. Por isso, ela luta hoje para se refazer, encontrar seu novo papel na sociedade, expressando desejos de mulher e de mãe. O problema é que elas estão tão ocupadas se refazendo que pararam de se preocupar em refazer o mundo – e esse foi um grande feito do feminismo (Dowd, 2006).

Outro aspecto interessante é a banalização sexual que se inicia com o "ficar", em que o que importa é o volume de homens seduzidos e depois devidamente descartados. As jovens que infelizmente vivem uma adolescência tardia – muitas terminam aos 27, 28 anos – podem experimentar de tudo com sua extrema liberdade sexual, partindo do exemplo dos pais hippies, hoje sessentões.

Baladas intermináveis e festas com direito a quarto escuro onde se entra e tudo acontece no grupo e em grupo são uma realidade que está aí a céu aberto para quem quiser ver nas grandes capitais do país. O hedonismo e a descartabilidade das relações estão cada vez mais banalizados.

Hábitos antes masculinos, como pagar uma conta quando não se tem intimidade, abrir a porta do carro, podem parecer para muitas mulheres apenas detalhes superficiais, mas por trás disso estão abandonados o respeito e certos rituais que são padrões de comportamento não restritos ao relacionamento homem-mulher, mas cujas raízes se estendem ao próprio relacionamento humano de forma geral.

Por outro lado, essa "novidade" do feminismo – instaurada simbolicamente por ícones como Betty Naomi Goldstein, mais conhecida como Betty Friedan (1921-2006), que queimava sutiãs como forma de chamar a atenção das mulheres e também com seu livro *The feminine mystique* (A mística feminina), de 1963 – não teve tempo suficiente para vencer os tantos anos de patriarcado e ser assimilado, seja pelas mulheres seja também pelos homens.

Dentro desse novo contexto da mulher predadora, o homem se comporta como o sexo frágil e está assustado tendo de desempenhar o papel tradicional e ao mesmo tempo "garantir", como o garanhão, o prazer das mulheres.

Recordo-me de um cliente que chegou assustado depois de um primeiro encontro com uma mulher que lhe deu um cheque-mate logo na primeira noite, depois de um jantar:

– Como assim, não vamos para a cama? Algo está errado comigo ou você é gay e não me disse?

Situações dessa natureza deixam os homens atônitos e muito assustados, sem saber seu verdadeiro papel.

Meu amigo, o dr. Luiz Cuschnir, psiquiatra e estudioso das questões de gênero, afirma que o homem não consegue lidar com a flutuação de emoções que existe nas relações humanas em geral. Ele não sabe o que fazer com suas emoções. Os homens de hoje estão falidos em seu papel masculino. Eles se sentem infelizes, nervosos e vulneráveis. Uma boa parte deles sofre de séria insegurança financeira, o que afeta diretamente sua condição de macho. Isso porque o trabalho é o pano de fundo da identidade masculina. O homem imagina que quanto mais dinheiro, quanto mais prestígio, mais macho será diante da sociedade. Por isso, busca como nunca a realização profissional. Ao mesmo tempo, demonstra uma ânsia incomensurável por atingir a tranquilidade emocional. Do ponto de vista afetivo, ele não consegue se realizar e menos ainda se dedicar à mulher e à vida familiar como gostaria. Isso ocorre, primeiro, porque não foi ensinado a fazer isso. Segundo, porque está muito insatisfeito com sua relação com as mulheres. Sem se dar conta, os homens procuram ser super-homens, tema abordado em meu primeiro livro, *Executivo, o super-homem solitário*.

Quando falamos sobre a confusão que os homens sentem em termos dos papéis que devem desempenhar, estamos indiretamente aludindo a uma questão mais profunda, ou seja, os "valores". Estamos vivenciando uma crise de valores na sociedade e um dos valores mais atingidos é o "respeito". Não estamos sendo capazes de respeitar a nós mesmos e, consequentemente, não respeitamos o próximo com suas diferenças. Não respeitamos o outro sequer para deixá-lo falar, e viramos uma metralhadora que dispara dezenas de palavras por minuto, sem nenhuma capacidade de ouvir. Aí se instala o caos, a falta de comunicação. O que esperar da capacidade de amar e de ter compaixão onde não há diálogo?

Quero lembrar aqui a definição de "comunicar" encontrada no *Dicionário Aurélio da língua portuguesa*: "do latim [*communicare*] 1. fazer saber; tornar comum; comunicar ideias, pensamentos, propósitos. 2. pôr em contato ou relação; ligar, unir". A intenção é chamar sua atenção, leitora, para este ponto crítico: se não nos comunicamos, não "ligamos", não "unimos", entramos no caminho da ruptura.

Todo esse cenário introdutório é o pano de fundo das relações pessoais e profissionais que afetam a mulher de hoje, bem como seus pares masculinos. Torna-se assim um grande desafio para as mulheres não serem "heroínas solitárias" e encontrarem no desempenho de seu papel profissional, seja de executiva, profissional liberal ou empreendedora, e para muitas no de mãe, sua plena realização de vida e sua felicidade.

Pois é, somos fiscalizadas e cobradas por nós mesmas a estarmos sempre em forma, sem estrias, depiladas, sorridentes, cheirosas, unhas feitas, sem falar no currículo impecável, recheado de mestrados, doutorados, pós-doutorados e especializações (ufa!).

Viramos supermulheres, continuamos a ganhar menos do que "eles", lavando, passando, cozinhando e cuidando dos filhos da mesma forma. E ainda temos de dividir as despesas da casa.

Não era muito melhor ter ficado fazendo tricô na cadeira de balanço?

Chega, eu quero alguém que pague as minhas contas, abra a porta para eu passar, puxe a cadeira para eu sentar, me mande flores com cartões cheios de poesia, faça serenatas na minha janela (Ai, meu Deus, já são 6h30, tenho que levantar!), e tem mais, que chegue do trabalho, sente no meu sofá e diga: Meu bem, me traz uma dose de café, por favor!

Descobri que nasci para servir. Vocês pensam que eu estou ironizando? Estou falando sério!

Estou abdicando do meu posto de mulher moderna... Alguém se habilita?

(Autora desconhecida. Fonte: Blog de Luciana Sabbag)

CAPÍTULO 2

A SÍNDROME DA EXECUTIVA: A HEROÍNA SOLITÁRIA

*As cortinas transparentes não revelam
o que é solitude, o que é solidão.*
Lobão e Bernardo Vilhena. *Essa noite não.*

Solitude
*Essenciais momentos aos sentimentos.
Solitude, como anverso da solidão.
Isolamento consentido, dos pensamentos.
Solidão tolerada, admitida, satisfação*
Lufague

Angélica era uma mulher ativa e desde cedo se especializou em finanças. Típica pessoa plugada no mundo, ainda jovem começou a trabalhar num banco e, como era boa na área financeira, aos 30 anos foi convidada a trabalhar numa construtora de porte médio a grande, no Rio de Janeiro, e lá, após 4 anos, chegou ao cargo de vice-presidente.

Com acesso direto ao presidente e sócio majoritário da empresa, Angélica tornou-se, além de diretora financeira, uma verdadeira conselheira e confidente do "proprietário" da empresa, onde trabalhava mais de 12 horas por dia. Ele, por sua vez, tinha uma vida muito complicada, com relacionamentos frustrados e uma característica insegurança, facilmente detectável.

Com seu estilo "mãe", Angélica sabia escutar a todos e fazia o meio de campo nos momentos de crise, envolvendo-

-se além dos afazeres pertinentes a seu cargo e a sua área. Sua compensação vinha na forma de um salário respeitável, que lhe dava acesso a boas roupas, lhe permitia frequentar lugares badalados, além de dirigir um supercarro do ano e morar em um apartamento na Vieira Souto.

Depois de se dedicar por 12 anos à empresa, quando ocorreu um momento de grande dificuldade no mercado imobiliário – exacerbado pelo fato de aquela empresa ter sérios problemas de gestão de pessoal diante da verdadeira fogueira de vaidades que ardia entre diretores e gerentes – Angélica sofreu um estresse profundo. Diante disso, a melhor coisa que ela podia fazer era tirar uns dias de férias no sul com um tio querido que passava férias em Florianópolis, lugar totalmente diferente da costa francesa, onde ele mora.

Depois de 15 dias de relax total e matando as saudades do tio francês, Angélica se recuperou e, com garra, voltou para pôr as coisas em dia. Retornando à empresa no centro do Rio de Janeiro, foi surpreendida com sua mesa limpa e soube que acabara de ser sumariamente demitida. Magoada, angustiada e frustrada, entrou numa depressão profunda, até que buscou minha ajuda como coach para se recolocar nos trilhos. O que ela mais sentia era uma profunda tristeza e decepção pela total falta de reconhecimento e respeito com que haviam efetivado sua injustificada demissão. Sentia-se traída e viu seus planos de ter um filho, já com 42 anos a essa altura, irem por água abaixo. Com muita raiva perguntava-me:

– O que vou fazer agora? Veja só, dediquei minha vida ao trabalho para ter um final assim, e agora sequer vou poder ter filhos, pois não poderei entrar numa empresa para fazer carreira e ter um filho dentro de um ano!

Convivo com frequência com situações dessa natureza no meu dia a dia de trabalho. Esse é o mundo real, que a maioria das pessoas pensa que só existe para os outros. Por isso mesmo dedicam-se inteiramente a uma empresa, esquecendo-se de planejar suas carreiras, seu networking e uma vida mais equilibrada. O que tenho notado é que esse contexto é muito mais difícil de ser enfrentado pelas mulheres, na medida em que seus múltiplos papéis muitas vezes dificultam ainda mais sua administração do tempo, sobrando muito pouco para pensarem em si mesmas. Esse contexto contribui, sim, para uma sensação de solidão, de literalmente estar só no meio da multidão. Muitas vezes nos enganamos e criamos a ilusão de que não estamos sozinhos. No entanto, a meu ver, a solidão é algo inerente à existência humana.

Nascemos somente com a decisão de nascer e aí sim, com a ajuda de nossa mãe e dos médicos, passamos para o lado de cá. Ao morrer, passaremos por uma experiência solitária, que vivenciaremos de maneira única. Enfim, todas as grandes transformações pelas quais passamos na vida sempre serão provas solitárias. Mas vamos recorrer ao *Dicionário Houaiss da língua portuguesa* para nos aprofundar no tema da heroína solitária:

Solidão: 1. Estado de quem se acha ou se sente desacompanhado ou só; isolamento; 2. Sensação ou situação de quem vive afastado do mundo ou isolado em um meio social.

Conclua você mesma, que está lendo este livro agora, como a própria definição de "solidão" fala de um "estado e de um sentimento". Ou seja, podemos estar rodeados de pessoas e, mesmo assim, nos sentir só.

Digo sempre que é muito agradável termos o sentimento de solitude e não de solidão. De acordo com dicionários da língua portuguesa, essas palavras são sinônimos, mas podemos observar outro sentido se tomarmos como referência a explicação em inglês: a solitude é algo opcional e desejado. É quando optamos por estar sós, com uma intenção, com uma finalidade específica e positiva. Podemos querer estar sós para refletir. Podemos decidir ficar sós dentro de um mosteiro meditando. No entanto, muitas vezes "estamos sós, isolados" não por opção; e digo mais, muitas vezes nos sentimos sós apesar de estarmos acompanhados ou rodeados de pessoas a nossa volta.

Pois bem, há uma diferença em inglês entre "solidão" e "solitude". Eugenio Mussak mostra que, em inglês, para a solidão com o sentido de estar isolado, desacompanhado, solitário, vazio ou abandonado, usa-se a palavra "loneliness". Já para a solidão como isolamento intencional, com o objetivo de reflexão, meditação ou mesmo relaxamento, usa-se a palavra aloneness, que tem o sentido de solitude, não necessariamente relacionada a tristeza ou infelicidade.

Muitas vezes recomendo a minhas clientes que deem um tempo para estar sós, refletindo, meditando, antes de tomar decisões. Esse é um momento de solitude. Nesses casos, a chave está em buscar um estado indicado por uma palavra essencial: serenidade. Estar serena como as águas de um lago que conseguem refletir em detalhes a imagem da lua. Quando não estamos serenos perdemos a capacidade de conduzir nossas ideias e somos dominados por elas. Passamos a ser reativos e distorcer as coisas. Somos impelidos a decisões muitas vezes errôneas, que podem nos custar caro no futuro.

Nos momentos de tomada de uma decisão difícil, nos sentimos sós e, no mundo corporativo, tomamos decisões o tempo todo. Fazemos escolhas o tempo todo. A executiva, heroína solitária, tem de tomar decisões a todo momento e se sente só. O sentimento de solidão, de estar desacompanhados, abandonados, nos remete a instâncias profundas e evoca vivências ancestrais, impregnadas em nossa memória e em geral relacionadas a sentimentos de perda e de insegurança diante do desconhecido.

A insegurança é um sentimento decorrente de uma ameaça, seja ela real ou imaginária. É o gatilho de nosso processo de estresse, que desencadeia uma reação no organismo preparando-nos para lutar ou fugir. Podemos nos tornar agressivos, com muita raiva. Esse é o sentimento com que as mulheres de hoje têm de conviver constantemente e têm de enfrentar a todo instante, seja no mundo pessoal ou no ambiente corporativo, como executiva ou empreendedora.

Recordo-me de uma ilustração do perfil do empreendedor: era exatamente um homem pulando de um trampolim num precipício. Isso é ser empreendedor. Isso é o que ocorre em nosso dia a dia, e nos sentimos sós, na prancha do trampolim. Porém, o que mais machuca não é a queda, mas a exigência que se faz da mulher, vestindo a roupa de heroína, fingir que está bem, sem poder dividir com ninguém as fraquezas, os medos, as angústias e as ansiedades, e assim corresponder à imagem esperada e exigida dela: a de profissional forte, competitiva, não emocional, que nunca parece descontrolada e que é suficientemente capaz de fazer o trabalho do homem nesse mundo machista.

Nos anos 1980, trabalhando em uma corporação multinacional, comecei a tomar contato com o mundo dos executivos e pude constatar quanto pesava a solidão. Quantas máscaras, quantas armaduras criadas, encobrindo fragilidades absolutamente humanas. É claro que, nesse mundo, a mulher que desenvolve seu papel de executiva ou empreendedora de sucesso sofre numa proporção ainda maior, por ser da natureza feminina compartilhar, dividir e querer sentir-se ouvida. Às vezes faltam ouvidos para escutá-la, o que aprofunda seu sentimento de solidão.

Meu objetivo é fazer você, leitora, refletir sobre si mesma, sobre seu ambiente, e o mais importante de tudo: dar vazão às emoções que essas reflexões dispararem dentro de você, reconhecê-las e então encontrar um rumo por onde conduzir sua vida pessoal e profissional. As respostas? Estão dentro de você.

Uma pergunta que não cala em mim é: quando é que nós, humanos, vamos tomar coragem de admitir nossos medos e angústias? Quando vamos realmente admitir que não somos super-heróis? Quando teremos um ambiente corporativo em que se dê mais valor aos talentos de cada um do que à capacidade de mascarar as fragilidades para mostrar uma suposta coragem como atributo? Quando será que a mulher irá perceber a armadilha em que caiu com a dita "libertação feminina"? Para algumas, a tomada de consciência poderá demorar mais, mas vivemos um momento em que as mulheres devem se precaver contra a "síndrome da executiva", da qual brota o que chamo de "executiva, a heroína solitária".

ALGUMAS QUESTÕES PARA VOCÊ REFLETIR

- Você consegue distinguir momentos de solidão e solitude?
- Em que situações de sua vida você se sentiu só?
- De que maneira, em sua vida profissional, a solidão a afeta?
- Geralmente, com quem você divide suas angústias, medos e apreensões sobre seus problemas de caráter profissional?
- A conversa com essas pessoas são suficientemente abertas e profundas? Quanto você se sente satisfeita com essas conversas?
- Você tem um mentor, um coach ou um conselheiro com quem possa discutir questões dessa natureza?
- O que você ganharia em sua vida pessoal e profissional se tivesse alguém para dividir suas dúvidas e orientar sua carreira?
- Como você se sente frente às exigências do mundo corporativo contemporâneo?

- De que maneira a competição a afeta positiva e negativamente?
- Quais são suas reações quando você comete erros?

* * *

DICAS

- Procure identificar seus padrões de comportamento ao cometer erros, tanto no passado quanto nos dias atuais. Depois avalie as conexões.
- Procure perceber como você lida com a competição masculina.
- Procure perceber o quanto você tem aprendido com seus erros e procure perdoar-se por esses erros.
- Procure viver o momento presente como um novo agora. O passado já está cristalizado e você não pode mudá-lo!
- Procure um amigo para poder dividir suas aflições. O ato de falar e ouvir-se já é um processo terapêutico, uma vez que muda sua perspectiva e seu olhar sobre um mesmo problema.
- Procure ter seus momentos periódicos de solitude. Eles podem contribuir para seu contato interior e para seu processo de autoconhecimento.

CAPÍTULO 3

O MUNDO CORPORATIVO: MUITO MEDO E POUCO AMOR. PRECISAMOS DE MAIS MULHERES

Chegamos ao século XXI num ambiente empresarial em que somos cobrados a ser super-heróis, como já dizia Friedrich Nietzsche sobre o super-homem em seu *Assim falava Zaratustra*. Na realidade, ele queria dizer "sobre-humano" [*Übermensch*].

Nietzsche pensava na ideia da "inclinação ao poder" que nós, seres humanos, temos como mola propulsora e valor de motivação. Seria limitado pensar apenas na parte negativa desse impulso, mas vale a pena ressaltar que esse poder está ligado a nosso ego e pode nos deixar cegos. Sermos celebridades, recebermos títulos, cargos, posições e conquistarmos bens materiais são situações efêmeras decorrentes da tal "inclinação ao poder" e nos levam a ser competitivos.

Neste mundo globalizado, em que a competitividade e a velocidade das mudanças são muito grandes, somos colocados em constante estado de ameaça e fugacidade. Tudo é muito rápido e passageiro. É o que o filósofo francês Gilles Lipovetsky chama de hipermodernismo. "Por toda parte, as palavras-chave das organizações são flexibilidade, rentabilidade, just in time, 'concorrência temporal', atraso-zero – tantas orientações que são testemunho de uma modernização exacerbada que contraem o tempo numa lógica urgentista", afirma Lipovetsky (2004).

E como ficam nossas heroínas solitárias? Não fogem à regra para os homens. Vivem num ambiente em que a grande tônica é o medo originado de ameaças como a perda do emprego, a perda de espaço dentro das empresas, a perda de oportunidades de crescimento e aprendizado, a perda do bônus no final do ano.

A grande questão é que, além de tudo, a mulher leva a desvantagem de ter de superar medos e ameaças que fazem parte de algumas vertentes do pensamento psicanalítico também. Devo dizer que, num primeiro momento de contato com essa questão, fiquei um pouco reticente. No entanto, trabalhando com as mulheres, pude, como observador, constatar empiricamente que essas teses não são tão absurdas, pelo menos do ponto de vista de um observador atento. As mais feministas que me perdoem, mas creio que será útil uma reflexão isenta, no sentido de encontrarmos mais uma razão para a sensação de ameaça, de se sentirem "menos", relatada pelas mulheres no ambiente corporativo.

Em seu livro, *Amor, paixão feminina*, Malvine Zalcberg cita: "A primeira queixa da menina em relação à mãe é que esta, dizia Freud, é considerada responsável por tê-la trazido ao mundo tão desprovida, isto é, sem o valorizado órgão viril. Freud ainda considera, em seu texto de 1925, a inveja de pênis como o eixo em torno do qual gravita a identidade feminina. Contudo, no momento em que, nesse mesmo texto, ele reconhece que essa não é a única queixa da filha quanto à mãe, ele dá um passo a mais na compreensão da sexualidade feminina. Menciona outro sentimento de mágoa que a filha expressa em relação à mãe: a menina se queixa de não ter sido amada ou suficientemente amada por ela".

O que proponho aqui não é discutir a visão psicanalítica de Freud, para que a leitora concorde ou não. Como já disse, meu objetivo com esta leitura é que você extraia pontos de reflexão para então achar sua verdade. A verdade que bate no fundo de sua alma e que faz sentido para sua mente e para seu coração. Assim, creio que a visão freudiana deve ser avaliada e que cada leitora, em sua individualidade, deve refletir se essa "desvantagem" pode fazer sentido, e muito mais do que isso: se essa desvantagem apontada teve e tem influência em sua postura e em seu comportamento, em suas relações interpessoais e, principalmente, no ambiente competitivo das empresas.

Em dezembro de 2008, logo após minha separação, entrei de cabeça num processo de meditação, quando cheguei a meditar cinco vezes por dia, durante os fins de semana. Nessa sequência, de maneira quase mágica, fui passar o ano-novo num lugar especial. A essa vivência que vou relatar é que Deepak Chopra chama de sincronicidade.

No início de dezembro daquele ano, já separado, fui convidado para passar o Natal em Lisboa com meus amigos José Magalhães e Ana Merelo. Foram momentos em que senti amor e acolhimento. Mas, antes de ir para Portugal, eu sentia a necessidade de estar em contato com a natureza. Para mim, nada melhor do que o cheiro da terra com clorofila e o silêncio quebrado pelo canto dos pássaros para poder entrar em contato com níveis mais profundos de meu ser. Pois bem, nessa época do ano, em que uma separação toma dimensões astronômicas, queria estar em contato com a natureza, num momento em que, em geral, as pessoas que estão sós tendem a se sentir mais sós ainda.

Antes da viagem a Portugal, procurara alternativas para o réveillon e nada havia me agradado. Um e-mail convidando para uma vivência com Robert Rappé, filósofo holandês radicado no Brasil, não me atraiu muito, até que, ainda em Portugal, meu amigo Betoh Simonsen me reencaminhou o e--mail do seminário do Robert. Achei um pouco de "perseguição" e acabei ligando de lá mesmo para Araçoiaba da Serra, e me disseram que, "por sorte, alguém tinha desistido e havia uma vaga para mim no evento que estava lotado"!

Pois bem, voltando de Portugal, lá estava eu com o Betoh, num seminário do Robert Rappé, que não tinha a menor ideia do conteúdo que iria dar! A partir daí, muito habilmente, ele propôs:
– Vamos compartilhar experiências.

Nessa troca de experiências, Robert me proporcionou um dos grandes insights da minha vida pessoal.

Quando cheguei ao seminário estava repleto de ideias e reflexões sobre o ego, depois de ter lido um livro que minha amiga Ana me havia dado: *Um novo mundo, uma nova consciência*, de Eckart Tolle, mais conhecido por seu best-seller, *O poder do agora*. Ou seja, hoje tenho a impressão de que até aquela leitura estava no script para eu viver aquele momento.

Pois bem, em uma de suas intervenções, Robert falou de algo que eu ainda não tinha percebido. Ele fez uma profunda reflexão sobre a incompatibilidade de duas energias: a do amor versus a do medo. De maneira simplista podemos dizer que "onde há amor não existe medo e onde há medo não há espaço para o amor". Se analisarmos essa frase simples, podemos invocar outras mais conhecidas, como "o amor liberta", "quem ama de verdade não prende seu amado", "ciúme (medo) é coisa de quem está inseguro".

Nesse mesmo período, eu estava lendo *A arte de amar*, de Erick Fromm, que deixa claro, assim como Eckart Tolle, que o medo e a insegurança estão ligados a nosso ego. Com certeza isso mudou a perspectiva de relacionamentos que eu tinha até então e me caiu como uma tijolada na cabeça.

Então comecei a refletir mais sobre o tema e, com minha experiência no ambiente corporativo, pude observar claramente como nesse mundo de competição, ameaças e medos não há espaço para a amorosidade em seu sentido mais amplo. Por sinal, a situação fica mais grave quando nos dispomos a falar de amor no universo masculino. Primeiro que ninguém vai ver, numa roda de botequim, homens falando de amorosidade. Ao contrário, a conversa gira em torno de sexo, potência e desempenho!

O amor, no mundo masculino, tem o viés de algo piegas, feminino, fraco e emocional. Digo que são poucos os "machos" com coragem para falar de amor profundo e verdadeiro. E, a despeito de tudo, nós, homens, salvo situações raríssimas, temos o amor como o primeiro sentimento disparado no momento do nascimento, quando entramos em contato com o abraço da mãe e seu generoso leite, que nos tira a fome. Pena que a cultura machista e autoritária nos embrutece a tal ponto que raras são as vezes em que somos corajosos o suficiente para dizer a uma pessoa mais próxima que a amamos de verdade! Várias já foram minhas experiências de consultório em que pude colocar pessoas que se amavam para expressar seus verdadeiros sentimentos. E me atrevo a dizer que expressar o amor é algo libertador e um meio de conexão com o divino.

Voltando a nossas heroínas solitárias, o grande problema é que, por insegurança, inclusive a de serem mulheres nesse mundo corporativo machista, acabam tendo atitudes em que procuram substituir os homens em vez de fazerem diferente, à sua moda, usando seus atributos femininos.

Agora, lembrando o arquétipo feminino ao longo da história, podemos registrar o papel natural da mulher na socialização e na criação dos filhos e da família. De que as empresas precisam hoje? Precisam de um modelo de socialização por meio do qual seja legítimo a pessoa sentir que "pertence" e no qual a difusão de valores vá muito além de ganhar dinheiro e competir. A capacidade que as mulheres têm de ouvir e dialogar, com a dose de emoção correta, pode ser fundamental para a resolução dos problemas de comunicação de equipes e para o desenvolvimento da inteligência emocional do grupo. Também a capacidade de leitura da linguagem corporal e das nuances de volume e tom da voz é algo privilegiado nas mulheres. Estudos da neurocientista norte-americana dra. Louann Brizendine, descritos em seu livro *The female brain*, indicam que duas áreas responsáveis pelo processamento de sentimentos – a ínsula, pequena e antiga parte do cérebro, e o córtex cingular anterior, este último associado a sentimentos desconfortáveis e à experiência de dor – são maiores e mais facilmente ativadas nas mulheres. O córtex cingular é a área crítica na antecipação, no julgamento, no controle e na integração de emoções negativas, que prefiro chamar de desconfortáveis.

Segundo a dra. Brizendine (2007), as mulheres têm a capacidade inata de perceber o que o outro está pensando ou sentindo, o que é essencialmente uma leitura da mente, ou seja, as mulheres têm uma capacidade maior para "ler a mente" do que os homens. Você, leitora, já deve ter experienciado como é mais difícil para os homens perceber e ler expressões, e perceber nuances do volume ou tom de voz. Eu mesmo me incluo no grupo de homens surpreendidos por uma pergunta do tipo: "O que está acontecendo com você hoje?", feita por uma mulher do outro lado da linha telefônica, quando apenas acabamos de dizer bom-dia.

Essa capacidade é fundamental para o trabalho em equipe e para o processo de socialização de que tantas empresas precisam. No entanto, o que percebemos são mulheres agressivas, que ouvem pouco, porque são dominadas pelo ego, e não querem perder seu território, muitas vezes mergulhadas apenas do imaginário. Creio que já está na hora das mulheres, essas verdadeiras heroínas, usarem seus atributos natos e inerentes a sua alma feminina a serviço de uma corporação mais amorosa.

E o que seria uma corporação mais amorosa? Uma empresa em que as pessoas olhassem menos para seus umbigos e tivessem mais noção do impacto de suas atitudes no resultado do trabalho, em que os funcionários compreendessem o verdadeiro propósito da empresa, de seu departamento e de sua função, em que o trabalho colaborativo tomasse mais espaço do individualismo, em que as pessoas tivessem mais respeito pelas opiniões dos outros e maior grau de inteligência emocional, em que a comunicação fosse fluida e as pessoas tivessem a capacidade de se colocar no lugar do outro, em que as pessoas tivessem o sentimento de grupo e de pertencer a ele. Tudo isso não pode existir onde prevalecem o medo e a insegurança.

Esse paradigma precisa partir da alta chefia, que pouco investe na seleção de pessoal e em treinamentos, principalmente comportamentais. A falta de investimento nessa área também se deve a uma busca constante de resultados no curto prazo, como dita o hipermodernismo (Lipovestsky) e sua "lógica urgentista" em nossa sociedade.

Por outro lado, também responsabilizo os RHs das empresas, em sua maioria conduzidos por mulheres, que a essa altura ainda estão discutindo se sua função é estratégica ou não. Isso acaba gerando uma situação que vivenciei tempos atrás com um gestor que me disse:

– O gerente prefere treinar um indivíduo para dirigir uma empilhadeira, um resultado que ele facilmente poderá ver a partir do momento em que vir o indivíduo dirigindo no pátio, a investir num processo de treinamento comportamental, cujo resultado não podemos ver nem mensurar imediatamente.

Agora, quero aproveitar para chamar atenção para o fato de que não podemos tomar como base as cem, 500 ou mil maiores empresas, com seus sofisticados RHs que ganham prêmios todos os anos. Falo, porém, da maioria esmagadora, dos 90% de empresas nacionais, as quais são pequenos e médios negócios familiares que sequer, acredite se quiser, têm RH, mas sim o famoso "departamento pessoal", tentando "gerir" 50, 100 ou 200 funcionários.

Aí poderia entrar o papel da mulher com seus atributos natos, ao contrário do que vemos muitas vezes, quando o medo de agir e ousar torna-as agressivas. Escrevendo sobre esse tema, recordo-me de uma situação em que tive de interromper uma entrevista com um funcionário porque sua diretora de RH estava aos gritos, na sala do lado, com um funcionário de uma empresa que tinha 3.500 funcionários! Não tenho a menor ideia de onde foi parar a inteligência emocional da tal diretora. Sobre ela, sei que depois de três meses toda a diretoria pediu sua cabeça e ela foi despedida!

Precisamos, sim, de mais mulheres nas corporações com uma boa dose de amor, equilíbrio, inteligência emocional e paciência de mãe para poder lidar com os desafios do dia a dia. O sistema atual está esgotado. O que virá pela frente eu não sei, mas convoco aqui as mulheres para darem sua contribuição, não substituindo os homens, mas sim complementando-os com suas habilidades, talentos e competências para fazer diferença.

ALGUMAS QUESTÕES PARA VOCÊ REFLETIR

- Em que situações você sente medo na vida?
- Geralmente, quando você sente medo, quais são suas reações e comportamentos?
- Você sente medo no ambiente de trabalho?
- Quais são seus medos atuais? Faça uma lista.
- Quem é o interlocutor para você falar de seus medos?
- Quanto você tem expressado seu amor para as pessoas que ama?

- Em seu ambiente de trabalho, consegue detectar energia de amorosidade? Onde? Quem a pratica?
- Como anda seu nível de reatividade no ambiente de trabalho?
- Quem são as pessoas que você mais teme? Por quê?
- De que maneira você poderia expressar maior amorosidade em seu ambiente de trabalho e estimular as pessoas a fazer o mesmo?
- Quanto você imagina que as pessoas lhe temem no ambiente de trabalho?
- Você sente medo ao delegar?
- Quanto você é e quanto você é vista como centralizadora?

* * *

DICAS

- Procure identificar sua reatividade. É o primeiro passo para você trabalhar com ela.
- Faça uma lista longa de seus medos e depois faça a pergunta: o que pior pode me acontecer nessas circunstâncias?
- Aprenda a dizer "Eu amo você" para as pessoas que ama.
- Aprenda a vestir o sapato do outro em seu ambiente de trabalho.
- Em vez de julgar o outro, fale abertamente sobre seus sentimentos e como a atitude do outro está gerando esses sentimentos.

CAPÍTULO 4

O VELHO PARADIGMA: MULHER É MAIS FRACA PORQUE É MAIS EMOCIONAL

As nossas emoções guiam-nos quando temos de tomar decisões importantes demais para serem deixadas apenas a cargo do nosso intelecto.

Daniel Goleman

Uma pesquisa realizada em 2001 perguntou a adultos americanos se uma série de qualidades se aplicava mais a homens do que a mulheres. A característica "emocional" foi apontada por 90% dos consultados como mais aplicada a mulheres. No mundo machista, chorar é coisas de menina: "Pare de chorar menino! Homem que é homem não chora", como canta Martinho da Vila. Nós, homens, aprendemos isso logo no início da vida. Somos treinados desde cedo a não expressar nossas emoções.

Por outro lado, em nossa cultura, as mulheres querem homens fortes, porém "sensíveis". No entanto são elas que ensinam seus filhos a ser, no futuro, o homem que hoje elas chamam de insensível. Como diz o ditado, as mulheres não querem galos que choquem os ovos! Nós, homens, não podemos demonstrar tristeza, criamos barreiras para "o sentir" e acabamos ficando confusos dentro de nosso poço de emoções. O problema é que nossas heroínas também acabam indo nessa direção. Afinal de contas, elas não querem ser consideradas "menos", e isso se acentua na hora de atuar no ambiente masculino das corporações. A mulher fica embrutecida.

Muitas vezes passo várias horas do trabalho de coaching apenas ajudando as pessoas a perceber se o que estão sentindo é bom ou ruim. Dar nome à emoção é outro estágio mais complexo! Todos nós nascemos com um aparato emocional que nos permite expressar as emoções chamadas básicas: alegria, tristeza, medo, raiva, amor e surpresa. Essas emoções primitivas não exigem consciência.

As emoções estão localizadas em nosso sistema límbico, que é um conjunto de estruturas cerebrais complexas situadas ao redor do tálamo e abaixo do córtex cerebral. Fazem parte da estrutura do sistema límbico o hipotálamo, o hipocampo, a amídala e o giro do cíngulo. Esses centros surgiram nos mamíferos e são fundamentais para o processo de luta ou fuga, associado ao estresse, quando existe uma ameaça real ou imaginária. Nos seres humanos, o sistema límbico está relacionado aos centros de afetividade e é responsável por respostas naturais do processo reprodutivo, da sensação de fome e da reação a agressões.

Dentro do sistema límbico, a amídala é uma parte importante, pois é o centro de processamento da memória. Para termos uma ideia, um paciente com uma lesão na estrutura da amídala é incapaz de perceber expressões de alegria ou tristeza na face de uma pessoa. Pesquisas com crianças no campo da inteligência emocional observaram que algumas delas apresentavam dificuldade para reconhecer os sentimentos de sua mãe com grande quantidade de botox no rosto, deixando-as confusas e inseguras. Como o sistema límbico está em constante interação com o córtex cerebral, e a uma grande velocidade, é possível explicar como facilmente perdemos o "controle" sobre nossas emoções.

Existem ainda o que chamamos de emoções cognitivas secundárias ou complexas, que são desencadeadas por um processo mental consciente, integrando a atuação das áreas do córtex cerebral e do sistema límbico. Essas emoções já dependem de um processo que passa por nossas experiências, vivências e aprendizagem; estão diretamente relacionadas com nossa avaliação da situação. O medo de um animal é uma emoção primária, enquanto o medo de perder o emprego é uma emoção secundária, pois sua origem se deve a diversos acontecimentos e reações emocionais primárias; são emoções que vêm de uma cognição, isto é, estão relacionadas com nosso medo (de um animal, por exemplo, um medo primário).

Quero destacar aqui que a única emoção com a qual não nascemos é a "culpa". Nós aprendemos essa emoção pela imposição de nossos pais, professores e por uma grande parte das religiões. É um sentimento horrível que nos põe em um processo de arrependimento e ameaça constantes; afinal, todo culpado "deve ser castigado". Como em um processo de defesa antecipado, sempre nos colocamos em posição de negação da culpa, e com isso criamos um mecanismo de não assumir responsabilidades por nossos atos, tornando-nos alienados e dependentes do poder que o outro tem de nos perdoar ou não. Enfim nos tornamos indivíduos sem liberdade.

Quando não reconhecemos nossas emoções, passamos a ter maior dificuldade em lidar com nós mesmos, o que por consequência dificulta nosso trato com as pessoas com quem nos relacionamos e atrapalha nossa comunicação. Ao diminuir nossa capacidade de ouvir, estragamos os relacionamentos. Ao transferir esse padrão para o ambiente corporativo, encontramos maior dificuldade em trabalhar em equipe, motivar nossos funcionários, e consequentemente passamos a ter dificuldade em liderar pessoas.

Estudos comprovam que grandes líderes podem até ter um QI dentro da média, mas o que os diferencia é o alto grau de QE, que expressa seu nível de inteligência emocional. O QI do ex-presidente Bush foi estimado em mais de 120, o que o coloca entre os 10% mais inteligentes de toda a

população mundial. Isso, no entanto, não foi suficiente para o exercício do cargo de líder, como a história comprovou...
Liderar, nos dias de hoje, é liderar relacionamentos. Pesquisas demonstram que, para o perfeito exercício da liderança, é necessário ter 30% de conhecimento técnico e 70% de conhecimento do gerenciamento de relacionamentos e emoções. E como fica a questão da inteligência emocional feminina?

> Muitos psicólogos evolucionistas têm especulado que a habilidade da mãe para sentir a dor e para rapidamente fazer a leitura das nuances emocionais deu à mulher da Idade da Pedra a facilidade de sentir o potencial de perigo ou agressividade e assim proteger a si e sua prole. Esse talento também proveu as mulheres com a antecipação das necessidades físicas e não verbais de suas crianças. (BRIZENDINE. *The female brain*, M.D, 2006, p. 123).

Essa sensibilidade pode ter seus prós e seus contras, como um maior nível de preocupação e mesmo uma maior incidência de episódios de insônia entre mulheres do que entre homens.

Por outro lado, estudos dos neurocientistas mostram que, apesar de a mulher sentir o mesmo "montante" de raiva que o homem, as mulheres reagem de maneira menos agressiva porque a amídala, o centro cerebral do medo, da raiva e da agressividade, é fisicamente maior nos homens do que nas mulheres, enquanto o centro de controle desses sentimentos – o córtex pré-frontal – é relativamente maior nas mulheres.

Outro ponto importante é o fato de que o corpo caloso – um feixe de conexões que liga o hemisfério direito do cérebro ao hemisfério esquerdo – tem um número maior de ligações no cérebro feminino, segundo estudos do grupo de Daniel Goleman. A função do corpo caloso é permitir a transferência de informações de um hemisfério a outro, fazendo com que eles atuem harmonicamente (ver MACHADO, 1993). Em comparação com os homens, isso oferece às mulheres uma capacidade maior de realizar tarefas simultaneamente, conversando ou tratando de muitos assuntos ao mesmo tempo. No entanto, se não houver limites, essa mesma capacidade pode agravar o nível de estresse nas mulheres.

Façamos agora um resumo de alguns pontos importantes sobre as características femininas:
1. O corpo caloso dá à mulher a capacidade de conduzir várias tarefas simultaneamente.
2. A mulher tem maior capacidade para ler as emoções do outro, em função de sua necessidade ancestral de se proteger e de proteger sua prole.
3. A mulher tem maior habilidade para lidar com sua raiva e sua agressividade, em função do tamanho da amídala e do cortex pré-frontal.
4. A mulher tem maior capacidade de desenvolver empatia.
5. As áreas de Broca e Wernicke, relacionadas com a linguagem, são de 18% a 20% maiores no cérebro feminino.
6. Na Universidade de Yale, estudos demonstraram que as mulheres processam a linguagem nos dois hemisférios simultaneamente, enquanto os homens tendem a processá-la apenas no hemisfério esquerdo.

Dadas as características acima e as reflexões deste capítulo, parece legítimo dizer que a nossa heroína solitária tem "vantagens" que, se levadas para o ambiente corporativo e usadas de maneira adequada, permitem uma contribuição insuperável nos processos de liderança.

Não se pode dizer que a mulher é emocionalmente mais inteligente do que o homem, pois isso é um processo de cada um, mas ela leva vantagens, sim, se considerarmos as competências que hoje se exige dos líderes.

Assim, é fundamental desenvolvermos nossa inteligência emocional, o que significa desenvolver nossa capacidade de reconhecer emoções, nossas e alheias, e saber lidar com elas de maneira apropriada dentro do contexto em que estamos atuando. Ao mesmo tempo, temos de quebrar o paradigma de que, pelo fato de nascer mulher, ela por definição é um "ser emocionalmente mais fraco". Sem dúvida, qualquer indivíduo apenas emotivo torna-se frágil neste mundo ameaçador em que vivemos. Por outro lado, o indivíduo racional, que não dá vazão a seus sentimentos e nem os reconhece, com certeza não terá habilidade para lidar com pessoas e não terá condições de liderar, a não ser pela imposição. No caso da mulher, ela acabará ignorando suas habilidades naturais, o que fatalmente limitará o desenvolvimento de sua carreira profissional. Se as mulheres estão inseguras em demasia, passam a ser chefes autoritárias e centralizadoras, limitando seu próprio desenvolvimento e o de sua equipe, além de terem de lidar com a "rejeição machista" de seus subordinados. Por isso, é importante rever os motivos dessa inseguranças, reais ou imaginários, e traçar um plano de ação para que consiga ser mais flexível, ouvindo mais seus colaboradores e estimulando-os a tomar as próprias decisões.

Descentralizando, a vida se torna mais leve até para que nossa heroína solitária cumpra seus outros papéis de extrema relevância e que não estão relacionados ao trabalho em si. Descentralizar é uma estratégia de administração do tempo, recurso este que tanto falta à mulher contemporânea.

No entanto, delegar é algo que incomoda muitas pessoas. Isso é natural, uma vez que delegar é transferir alguma tarefa para o outro, e, nesse movimento, perdemos o controle do processo, o que pode parecer ameaçador. No entanto, se soubermos delegar no contexto de uma comunicação adequada e com clareza dos objetivos a ser atingidos, motivando e comprometendo as pessoas, a tarefa de delegar se torna mais fácil.

Em geral, a chefe centralizadora diz: "Até eu explicar o que quero, prefiro fazer eu mesma, com a certeza de que farei certo". Essa é uma visão equivocada do ponto de vista da liderança, uma vez que essas pessoas acumulam trabalho, desestimulam seus colaboradores e se estressam com frequência, comprometendo seus próprios resultados.

Outro aspecto relevante é você levar em conta que não adianta querer que alguém faça as coisas 100% igual a você. Como diz Larry Hart, cronista do periódico *Atlanta Business Chronicle*, "use a regra dos 80%. Ninguém pode fazer o trabalho como você faz (ou pensa que faz), portanto delegue, quando o trabalho do outro puder preencher 80% das suas expectativas". No entanto, delegar não é transferir sua responsabilidade para os subordinados ou para os colegas de trabalho. Além do mais, é necessário acompanhar os resultados e os prazos de execução. Caso contrário, a crença se reforça com a desculpa: "Vejam como não posso delegar nada. As coisas não dão certo!"

DICAS PARA DELEGAR

1. Avalie se a pessoa para a qual está delegando algo tem a capacidade para realizar a tarefa, seja por conhecimentos técnicos, atributos e/ou experiência.
2. Comunique adequadamente e de maneira clara quais são o propósito, a meta e o resultado esperado, motivando o delegado.
3. Escreva o que você combinar, evitando a síndrome do "eu não sabia".

4. Tente discutir com o delegado alternativas hipotéticas para alcançar o resultado.
5. Estipule prazos e esclareça o critério de avaliação não só do resultado, mas da trajetória a ser seguida.
6. Faça o acompanhamento da execução. Follow-up é fundamental para certas pessoas.
7. Sempre dê feedback ao longo do processo e ao fim dele;
8. Premie quem efetuou a tarefa. Seja criativo nas premiações. As pessoas adoram ser reconhecidas, inclusive você!

Com essas dicas você poderá ter bons resultados, mas lembre-se: saber delegar é um treinamento constante, e você vai conseguir fazê-lo mais facilmente se se tornar menos centralizadora, trabalhar a autoconfiança e estimular aqueles com que trabalha. Outra sugestão é que você comece delegando as tarefas mais simples. Lembre-se de que a pessoa a quem você delegou também é de carne e osso e se sente insegura. Por isso, é importante aplicarmos nossa inteligência emocional e termos a capacidade de nos perguntar: que tipo de sentimento há dentro de mim que me impede de delegar tarefas? Esse medo é proporcional ao evento com que estou lidando? Qual é realmente o risco que estou correndo?

Reconhecendo nossas emoções e aprendendo a lidar com elas de maneira objetiva e pragmática, nos tornamos emocionalmente inteligentes, e, ao contrário do que se imagina, nossas heroínas se tornam mais fortes e poderosas!

ALGUMAS QUESTÕES PARA VOCÊ REFLETIR

- Quanto você consegue expressar o que está sentindo sem julgar os outros?
- Você em geral é capaz de nominar suas emoções?
- Como você tem se saído com seus feedbacks?
- Você conhece algumas técnicas de feedback? Exercita-as diariamente?
- Quanto você tem ajudado os homens que lhe cercam a expressar seus sentimentos?

* * *

DICAS

- Procure identificar os sentimentos e emoções que está vivendo em seu dia a dia. Dê um nome a eles.
- Procure não julgar e sim falar dos impactos e sentimentos que a atitude daqueles que a cercam lhe causam.
- Procure ver um filme tirando o volume e identificando as emoções expressas pelos artistas.
- Faça o esforço para ouvir mais do que falar.
- Quando sair do trilho, aprenda a pedir desculpas e siga adiante.
- Quando ficar nervosa, interrompa a discussão e volte a conversar depois de meia hora. Seu cérebro já terá se recuperado do que chamamos de "sequestro neural".
- Ajude seus filhos a expressar sentimentos. Isso é um bom exercício de audição e inteligência emocional para você.
- Deixe esta pergunta no bolso: "O que você está sentindo diante dessa situação?"
- Você tem o direito de sentir medo. É uma emoção primária que é aliviada quando identificada e racionalizada.

- Escreva sempre o que lhe incomoda no papel. Você terá outra visão do problema.

CAPÍTULO 5

A HEROÍNA SOLITÁRIA E SUAS DECISÕES

Se você escolhe não decidir, você já tomou uma decisão.
Neil Peart

Decisão: 1. Ato ou efeito de decidir; 2. Determinação; 3. Capacidade de resolver sem hesitação; 4. Coragem, firmeza ("Dicionário Houaiss da língua portuguesa").

O ato de decidir está diretamente ligado ao ato de escolher, característica própria do ser humano e fator de diferença básica em relação aos outros animais. Tomamos decisões a todo momento, e o mundo corporativo é o campo em que mais tomamos decisões no dia a dia. Sempre estamos decidindo algo em nosso trabalho. Desde deletar um simples e-mail até a estratégia para definir os rumos da empresa no próximo ano diante de uma crise financeira. Nesse ambiente, uma decisão pode gerar impactos pequenos ou muito importantes, afetando grandes valores e um grande número de pessoas e relacionamentos.

Retomando a definição do Houaiss, a "capacidade de resolver sem hesitação". Como podemos tomar decisões ou como tomar a melhor decisão? Em minha experiência de vida, tenho visto que a tomada de boas decisões pressupõe um perfeito equilíbrio entre um processo racional e uma boa dose de intuição. Mas o importante é você abrir espaço para que possa cometer erros, caso contrário você não irá tomar boas decisões ou, em geral, as tomará, mas fora do tempo apropriado.

Outro ponto que parece fundamental é a tomada de uma decisão a partir da serenidade. A serenidade é importante para que você tenha confiança em si mesmo. "Confiança", no *Dicionário Aurélio da língua portuguesa*, é definida como "segurança íntima de procedimento". Se você não está sereno não poderá "sentir" a confiança dentro de si mesmo e talvez venha a tomar uma decisão menos acertada. Uma mente que não está serena corre o sério risco de tomar decisões das quais poderá se arrepender depois.

Não posso deixar de mencionar aqui a famosa história do jogo de computador *Deep Blue* contra o enxadrista Gary Kasparov, campeão mundial de xadrez, realizado em 1996. O *Deep Blue* ganhou a primeira partida, mas perdeu o jogo. Kasparov usou uma combinação de lógica, estratégia e intuição para jogar contra a força descomunal de um computador capaz de examinar cerca de 200 milhões de alternativas por segundo. A desvantagem do computador, e da lógica, é a falta de flexibilidade.

Serenidade para tomar decisões é importante. Respeitar a intuição também é importante. Uma vez, participei como entrevistado de uma matéria do jornal *Gazeta Mercantil*, intitulada "Na dúvida, o que vale mesmo é a intuição" e veiculada em abril de 2001, a qual expunha o que vários executivos pensavam sobre a importância da intuição na tomada de decisões. Ali ficou provado que muitos usam a intuição como ferramenta para tomar decisões importantes, como a contratação de pessoas, por exemplo. No entanto, sem serenidade, sua intuição pode ser atrapalhada e você talvez não obtenha uma real visão da situação. Sua parte racional luta para prevalecer e abafar a intuição. E, falando em intuição, as mulheres levam uma grande vantagem sobre os homens. Aqui está outro ponto que deve ser encarado como um atributo e um diferencial que precisa ser explorado por nossas heroínas solitárias.

Trabalhei por vários anos na Carbocloro, uma indústria química que foi comprada em parte pela Occidental Chemicals, uma empresa do grupo Occidental Petroleum. Desde meus primeiros contatos com a "Oxy", como a chamávamos, fiquei admirado com seu fundador, o dr. Armand Hammer. Além de uma biografia incrível e de uma disposição imbatível para o trabalho, em seus mais de 90 anos de idade, era um homem preocupado com o bem-estar das pessoas e se envolvia em causas nobres, como fundações para estudo do câncer, além de ter participado diretamente na tentativa de salvar vidas quando do acidente da usina nuclear em Chernobyl, na antiga União Soviética. Além de tudo, esse biliardário do petróleo tinha como característica um uso acentuado de sua intuição.

Contavam que o dr. Hammer sentava-se em sua mesa de trabalho e não lia as propostas que encaminhavam a ele. Simplesmente pegava uma da pilha e pensava: "Não, esta não é boa". Tirava outra e: "Não, esta também não é boa". Pegava outra e dizia: "Hum, esta parece boa, vou colocar nesta pilha". Pegava outra e dizia: "Uau! Esta é campeã!" E assim fazia, usando sua intuição.

Nossos ancestrais acreditavam na intuição, nos instintos. Eles sabiam onde os animais perigosos estavam e tinham noção de quando ia chover ou nevar. Hoje, dentro de uma cultura de lógica cartesiana, damos menos atenção a nossa intuição, porque não acreditamos nela.

Neste ponto, vale a pena acrescentar um trecho de um artigo de Mike Handcock, um coach especializado em agregar a intuição como ferramenta de liderança.

Imagine-se dando uma mordida em um limão e sentindo o azedo em sua boca. Você percebe? Eu apenas fiz uma pergunta. Você pode não ter mordido um limão há anos, mas a experiência está lá. Cada cor, aroma, gosto, som que você experienciou está gravado em seu inconsciente. Garanto isso! Você só precisa aprender como usar isso. No inconsciente está o "banco de memórias" e ele não julga se é bom, ruim, certo ou errado. É apenas o hardware do computador. Você tem de aprender a usá-lo.

A intuição é uma dádiva que nos foi dada e nossa falta de equilíbrio e serenidade dificulta o uso dela. Com o crescente número de heroínas solitárias em posição de comando e liderança nos dias de hoje, é importante sabermos as diferenças entre homens e mulheres no que diz respeito às tomadas de decisão e à forma de se comunicar.

Sabemos que as mulheres são mais interessadas nos relacionamentos, mesmo porque elas têm em seu DNA a missão de "socializar" dentro do ambiente familiar. As mulheres se relacionam para realizar uma tarefa, enquanto os homens preferem construir relacionamentos para que os outros façam as tarefas. As mulheres com mais frequência discutem as opções antes de tomar uma decisão, enquanto os homens preferem uma reflexão solitária para uma tomada de decisão. Lógico que essas são generalizações, mas é importante sabermos como funciona o geral para termos menos dificuldades nas relações do dia a dia.

Na comunicação, as mulheres, além de discutir os assuntos, são extremamente sensíveis ao tom de voz e à linguagem não verbal, que inclui o contato olho no olho. Isso pode incomodar alguns homens.

Os homens têm uma visão dos assuntos morais do ponto de vista dos direitos e consideram o que é justo e leal. As mulheres consideram as questões sob o ponto de vista da compaixão e do relacionamento. É claro que a combinação dos dois gera a possibilidade de soluções mais criativas e frutíferas para os resultados de longo prazo dentro das organizações.

No caso das mulheres executivas e empreendedoras, sugiro buscar ferramentas para que o uso da intuição seja mais exercido em vez de deixar a racionalidade "masculina" tomar conta dos processos criativos na busca de soluções e decisões. No entanto, lembre-se, a tomada de decisão é sempre algo solitário. Mas, se errar, o mundo não irá acabar. Decida com serenidade e sabedoria e estabeleça limites. O primeiro passo para a superação é você reconhecer seus limites e administrá-los com sabedoria, e não se jogar desesperadamente, sem medir as consequências e a ecologia em que você e aqueles que a cercam estão vivendo.

Hoje se fala muito em sustentabilidade, remetendo-se a nosso meio ambiente e envolvendo o mundo que queremos deixar para as futuras gerações. No entanto, não estamos cuidando do principal meio, que somos nós mesmos: nosso corpo, mente e espírito. Sentimo-nos tocados com as causas da Mata Atlântica, com os rinocerontes na África e com as baleias no Pacífico. Entretanto, não cuidamos de nós mesmos e nem daqueles que estão a nossa volta. Observo mulheres que não percebem como estão agindo, e por consequência não respeitam seus limites, gerando o caos em todos aqueles que estão a sua volta, seja no ambiente profissional, seja no âmbito pessoal.

A partir desse ponto, é preciso impor limites. Não espere que seus limites sejam demarcados pelos outros; muito pelo contrário, se você não impuser seus próprios limites, os outros avançarão sobre você até que sucumba.

Limite é algo que precisa ser reconhecido para, aí sim, poder ser superado. Vejo no meu dia a dia mulheres que não se conhecem e por consequência não respeitam seus limites, tendo como motivação apenas o desafio e a autoafirmação do ego, numa batalha competitiva louca, até chegarem a um nível de estresse absurdo, pondo em risco seus próprios empregos, atividades profissionais e relacionamentos. Se surgir o arrependimento, pode ser tarde demais. Outras, no entanto, acabam percebendo essa ilusão e procuram a ajuda de um profissional para que, com a perspectiva de um olhar externo, possam construir um caminho mais equilibrado.

ALGUMAS QUESTÕES PARA VOCÊ REFLETIR

- Quanto você se sente serena para tomadas de decisões?
- Seu ambiente de trabalho lhe força constantemente a tomar decisões de repente, sem tempo para reflexão?
- Você tem algum hábito que a isola para uma tomada de decisão? Qual é o hábito?
- Para tomada de decisões mais complexas, você tem alguém com quem se aconselhar?
- Quem você ouve nos momentos de decisão?
- Em geral você procura cenários alternativos?
- Quanto você tem usado sua intuição para tomada de decisões?

***

DICAS

- Aprenda a ouvir diferentes opiniões para depois formar sua opinião.
- Busque opinião de quem está fora do problema, de um observador.

- Procure entender com clareza o contexto e o cenário em que você irá tomar a decisão.
- Estimule seus pares a fazer uma lista de alternativas e de perdas e ganhos diante da decisão a ser tomada, caso contrário você poderá se autossabotar.
- Procure avaliar as variáveis em que você pode interferir e aquelas em que não pode.
- Procure estabelecer várias alternativas e um plano B antes de tomar a decisão.
- Aprenda a colocar seus limites e a buscar ajuda quando necessário. Lembre-se de que você não é heroína.

CAPÍTULO 6

RECONHECENDO SEUS LIMITES

> *Não considere nada como pessoal.*
> *Nada do que os outros fazem é por sua causa.*
> *O que os outros dizem e fazem é uma projeção de suas*
> *próprias realidades, de seus próprios sonhos.*
> *Quando você for imune às opiniões e ações alheias,*
> *você não será mais vítima de sofrimentos desnecessários.*
> Don Miguel Ruiz

Há pessoas que têm uma enorme dificuldade em dizer "não". Tenho observado que, na maioria das vezes, esse comportamento está diretamente ligado a uma busca constante de reconhecimento e de amorosidade. Sobre o reconhecimento vamos falar mais adiante, em capítulo que dedico exclusivamente ao tema, dada a importância e o fato de afligir tanta gente que conheço.

Dizer "não" é algo internamente complexo, cuja demanda é maior do que imaginamos no mundo corporativo. E, se o indivíduo não souber reconhecer suas limitações, o estrago pode ser grande.

No final da década de 1960, Laurence J. Peter publicou um livro bastante instigante: *The Peter Principle*, o qual, no Brasil, foi lançado como *Todo mundo é incompetente, inclusive você*. Apesar de satírico, o Princípio de Peter tem muita consistência e a todo momento posso constatar o quanto é comum observá-lo na prática, em nosso dia a dia. A ideia de Peter é que todo funcionário que é promovido por um bom desempenho em seu cargo poderá fracassar num novo. Se por acaso se sair bem, corre o risco de ser promovido novamente, até chegar numa posição em que, por não conseguir repetir o bom desempenho, não será mais promovido. O exemplo clássico é o da excelente vendedora que foi promovida a supervisora de vendas sem ter qualificações para tal, sem saber quais competências deveria desenvolver e sem saber exatamente qual seria seu papel. A promoção é apenas uma massagem no ego – olha aí a questão do reconhecimento de novo – e acaba transformando uma excelente vendedora em uma supervisora medíocre.

A título de ilustração, com base no Princípio de Peter, o cartunista Scott Adams criou em 1988 o *Princípio Dilbert*, que a United Media passou a publicar. As tiras eram inspiradas nos colegas de trabalho de Adams, quando trabalhava no Crocker National Bank e na Pacific Bell. Elas se referiam ao ambiente das grandes empresas, em que os funcionários apareciam, com humor sarcástico, como vítimas de gerentes e chefes incompetentes, tornando o personagem de quadrinhos tão famoso nos Estados Unidos que foi incluído em 1996, pela revista *People*, na lista das 25 personalidades mais interessantes do país, ao lado de Bill Gates e Madonna. Em 1997, foi capa da revista *Time*, como uma das 25 figuras mais influentes dos EUA!

O Princípio de Peter pode ser observado quando nos falta a percepção de nossos limites e quando perdemos a noção de nossa capacidade para exercer um novo cargo, ofuscados pela ambição de progredir e pelo status que a nova posição pode eventualmente oferecer. O ambiente corporativo muitas vezes exige em demasia, mas temos de ter o discernimento de respeitar nossos limites. E tem mais, ninguém tem a capacidade de dizer qual é seu limite. Seus limites estão relacionados a sua capacidade individual e a seu estágio de consciência quanto a eles. Isso não quer dizer que você não possa superá-los; claro que pode!

Hoje mesmo, antes de me sentar para escrever este capítulo, atendi a uma jovem num trabalho de coaching. Após conseguir seu primeiro emprego e ainda profissionalmente imatura, ela foi promovida a gerente de um departamento sem que ninguém lhe falasse claramente qual era seu papel, suas funções, as expectativas e as competências a ser desenvolvidas. Nesse momento, ela está completamente assustada com o novo desafio, ofuscado pelo salário que subiu cerca de 80% em relação ao que ganhava.

Algumas de vocês, principalmente as ligadas à área de Recursos Humanos, devem estar pensando: "Mas o Emerson está falando um absurdo, isso é postura de empresas não profissionalizadas, amadoras". Pois bem, esse é o mundo real, da esmagadora maioria das empresas nacionais familiares, que, na verdade, é o grande contingente que faz este país caminhar.

Por outro lado, devo dizer que promoções e contratações dessa natureza ocorrem com frequência maior do que se imagina, inclusive em multinacionais, como o famoso Latin America Department, no Panamá, em que, de próprio punho, assim como minha cliente que acabava de ingressar na empresa, tive de fazer perguntas óbvias ao chefe, uma vez que não haviam sido dadas as informações básicas para ela saber como atuar.

Uma matéria publicada no periódico *Psychological Science* e reproduzida pela revista *Galileu* diz respeito a um estudo realizado pelo físico italiano Alessandro Pluchino, que também usou os conceitos do Princípio de Peter. Ele menciona como a dificuldade crescente de lidar com situações acaba desencadeando a agressividade. "Eles culpam os outros pelo fracasso e trapaceiam para criar ilusão de progresso", afirma o pesquisador.

Outra pesquisa realizada em 2009, também publicada no periódico *Psychological Science*, afirma que 37% dos trabalhadores norte-americanos já foram desrespeitados, boicotados ou ouviram gritos de seus líderes, indicando que um chefe pode tornar-se agressivo quando sente seu ego ameaçado – o que pode ser explicado pelo Princípio de Peter.

Por isso mesmo faz tanto sucesso, inclusive aqui no Brasil, o livro *Como trabalhar para um idiota*, de John Hoover. Nele, o autor fala de maneira descontraída e ao mesmo tempo informativa sobre as relações de trabalho. Ensina que, qualquer que seja seu chefe, são as ações dele que determinarão o sucesso ou o fracasso na convivência entre ambos.

E só para você, leitora, ter uma ideia, quando se digita no Google "chefe+idiota", o resultado mostra cerca de 2.230.000 links só em língua portuguesa! Em inglês, com "boss+idiot", encontram-se mais de 15 milhões de links.

Reconhecer nossos limites é o estágio inicial para aprendermos a dizer "não". Isso pode parecer um paradoxo, se partirmos da perspectiva de que o ser humano é ilimitado e tudo pode. Realmente, tenho a crença de que o ser humano é ilimitado e pode realizar o sonho que quiser, desde que esteja preparado para tal. Deepak Chopra chama isso de "Lei da plena potencialidade", e diz: "Somos, no nosso estado essencial, consciência pura. A consciência pura é potencialidade pura; constitui o campo de todas as possibilidades e da criatividade infinita". Mas, para isso, precisamos entrar em uma conexão profunda com nós mesmos.

Sonhar deve ser algo ilimitado, mas só isso não basta. Temos de nos capacitar para agir e muitas vezes somos limitados pelos contextos em que vivemos ou por crenças que nos foram impostas quando ainda éramos crianças. Temos, sim, de superar essas barreiras, e o que proponho com essa leitura é uma avaliação dessas barreiras e a criação de estratégias para superá-las. Quando reconhecemos nossos limites, estamos dando o primeiro passo para buscar ajuda e superar nossas limitações. Quando a líder reconhece suas limitações, com honestidade e sem prepotência, acaba por estimular sua equipe a buscar soluções em grupo.

Não saber dizer "não" é muito comum nas pessoas que não administram bem o tempo, pois ao não saberem estabelecer limites se entopem de atividades que não podem cumprir porque é humanamente impossível. O mundo corporativo não precisa de heroínas solitárias, mas apenas de mulheres normais que tenham a humildade de reconhecer seus limites e a coragem de dizer NÃO!

Na maioria das vezes, não dizemos "não" para os outros porque nos sentimos frágeis e queremos o reconhecimento deles, jogo que aprendemos ainda na tenra infância, na relação com nossos pais. O que faz uma pessoa não dizer "não" a um compromisso quando está atolada de compromissos? O que faz um indivíduo aceitar um cargo quando tem plena consciência de não estar apto a exercê-lo? O que faz alguém dizer "sim" quando na realidade quer dizer "não"?

Essas questões são importantes para você, leitora, refletir e, de preferência, trabalhar com a ajuda de alguém que tenha uma visão mais ampla de seu desempenho. Com certeza, avaliações de 360° são importantes para se ter uma ideia das diferenças entre nossas intenções, ações e resultados. A partir dessa reflexão, vale a pena você se perguntar quantas vezes ignorou seus limites, o que está fazendo com sua vida profissional e pessoal e como anda seu equilíbrio. Se você não reconhecer seus limites, jamais poderá superá-los e ao mesmo tempo correrá o sério risco de se desequilibrar do ponto de vista físico, mental e espiritual.

ALGUMAS QUESTÕES PARA VOCÊ REFLETIR

- Em quais situações você diz "sim" quando internamente quer dizer "não"?
- O que você pode identificar de padrões de comportamento nessas situações?

- Que tipo de sentimento e comportamento é disparado quando você diz "sim" e queria dizer "não"?
- Quanto situações dessa natureza têm lhe prejudicado ou contribuído para sua evolução pessoal e profissional?
- Quanto situações dessa natureza a estressam?
- Você é uma pessoa que em geral estabelece seus limites ou é a mãezona que está sempre à disposição dos outros?

***

DICAS

- Tenha em mente que você é o ser mais importante de seu universo.
- Você não poderá ajudar ninguém se não estiver bem consigo mesma. Você precisa estar bem física, mental e psicologicamente para poder prestar ajuda...
- Não vale a pena ser uma heroína solitária para ter amor e reconhecimento dos outros.
- É você quem estabelece seus limites e não o outro.
- Procure a congruência entre suas ações, pensamentos e sentimentos. Essa batalha é diuturna.
- Compartilhe essas ideias com sua equipe.

CAPÍTULO 7

O INIMIGO OCULTO: O RANÇO DO PAPEL DE MÃE NAS RELAÇÕES DENTRO DAS EMPRESAS

Renato, 32 anos, engenheiro e administrador, depois de nosso processo de coaching atingiu seu objetivo: trabalhar numa empresa multinacional de grande porte, em áreas estratégicas, desenvolvendo planejamentos de longo prazo com uma equipe multidisciplinar, cercado de pessoas inteligentes e criativas e com remuneração acima da média do mercado. Bingo!

Depois de seis meses no processo de monitoramento do coaching, a declaração é direta:

– Não suporto mais a nossa chefe. Ela não escuta ninguém, fala coisas que não fazem o menor sentido no processo e é muito emocional. Tenho que mudar de empresa – completa Renato.

Em outra circunstância, quando eu aplicava um processo de assessment[1] para a gerência de um departamento de uma grande trade, após a avaliação de um candidato, conversando com a gerente da área sobre algumas atitudes e comportamentos, ela concluiu:

– Agora, começo a entender a postura desse funcionário comigo. Ele realmente faz uma projeção da mãe na minha figura.

---

[1] Processo com estimativas para selecionar, recrutar e avaliar o desempenho dos colaboradores.

Ontem mesmo, enquanto escrevia este livro, um cliente que está com uma nova namorada disparou:

– Emerson, preciso tocar num ponto que anda me incomodando muito: tenho tido um grande desconforto com minha nova namorada porque ela ganha mais do que eu.

Ao longo de minha carreira como executivo e coach, pude vivenciar por várias vezes situações similares a essas, e existe um aspecto que não deve ser negligenciado: a transferência do papel de mãe para nossas heroínas solitárias que atuam como líderes dentro das organizações. Por isso mesmo, creio ser de fundamental importância a mulher definir seu papel dentro da organização com base em seus talentos, tema que desenvolvo mais adiante, no capítulo 15.

Por outro lado, gostaria neste momento de refletir sobre a influência da mulher no inconsciente do homem e sobre a maneira como isso acaba afetando o relacionamento entre homem e mulher e, consequentemente, as relações entre chefe e subordinados.

Voltemos um pouco ao papel da mãe, por meio do qual a mulher se apresenta sempre como a introdutora do processo de ameaça e culpa nas crianças. Volte no tempo e pense como sua mãe era uma figura ameaçadora. Além de ter de três a quatro vezes seu tamanho, uma verdadeira gigante, podia ameaçar você com seu total poder de cortar todos os seus prazeres se você não fosse obediente. Era dela o poder de fazer você tomar banho na hora mais indesejada, de cortar seu programa favorito de TV, de não deixá-la brincar com seu brinquedo preferido. Coloque-se você, mulher, no lugar de um pequeno e frágil menininho e tente imaginar quanto o papel da mulher era significativo para esse pequeno homenzinho! Além do mais, a mamãe era mestre em lhe imputar o sentimento de culpa, sentimento este que não conhecemos ao nascer, mas nos é imposto pela mãe, que,

afinal de contas, tem o papel e a responsabilidade de cuidar de todos nós. É comum as mães fazerem ameaças e terminarem com a frase:
— Se você não me obedecer, vou contar para o seu pai quando ele chegar.
Dá-lhe ameaça e insegurança para poder controlar o homenzinho impossível!

Muito bem, nós, homens, crescemos com essa figura ameaçadora da "mulher gigante" que nos tolhe e nos infunde um sentimento de insegurança. Quando falo de gigante, recordo-me de haver visitado no complexo da Expo Lisboa um pavilhão onde a intenção era fazer o adulto, de preferência os pais, terem uma visão de proporcionalidade entre o mundo da criança e o seu. O pavilhão inteiro era construído levando em conta a proporção de um adulto e de uma criança para que pudéssemos nos dar conta de quanto pode ser assustador o tamanho de uma cadeira, de uma mesa, de uma porta ou de uma mãe para os pequeninos. Realmente é assustador!

Depois de alguns anos, na fase dos 10, 12 anos, surge outro momento que faz os homens se sentirem inferiores. O corpo da menina se transforma de maneira exuberante e significativa, com o início do corpo delineado, a formação dos seios e sua intelectualidade mais madura. Essa menina-adolescente desconsidera o homenzinho e sai à busca de homens mais interessantes e mais velhos. Ele fica para trás de novo.

Num dado momento, é hora do homenzinho, já adolescente, buscar sua autoafirmação, o que o leva a "repudiar" sua mãe. É o momento em que as mães surgem com algumas questões: "Nossa, meu filho era tão carinhoso comigo e hoje e não me dá mais a mínima" ou "Ele era carinhoso e hoje anda tão agressivo!". Pois bem, é o momento em que o homem adolescente se volta para o modelo paterno e que, em muitos casos, os pais se ausentam por ser os "executivos, super-homens solitários" que trabalham como loucos ou, em muitos casos, estão vivendo o momento em que o casamento se desfaz depois de 12, 15 anos. A ausência da figura paterna nessa fase desencadeia uma falta de referencial, com impactos marcantes na adolescência, principalmente dos meninos. Daí a necessidade de uma especial atenção do pai nessa fase da vida de seus filhos homens, mais ainda do que das meninas.

O ambiente profissional para o homem é a praia dele. Numa sociedade machista, onde o provedor é o homem, ele vai à caça e, para sua surpresa, ultimamente se depara com a figura da mãe voltando a lhe dar ordens, ameaçando novamente seu desenvolvimento, seus objetivos de crescimento e "competindo" com ele em "igualdade" de condições. A história se repete e aí vem inconscientemente a resistência, a disputa exacerbada, a falta de colaboração.

As executivas, por sua vez, se sentem mais ameaçadas, e então surge o ambiente propício – fomentado pelo inconsciente – de lutar, e nele despontam a agressividade, a raiva e o medo. O circo está formado! A mulher tem de levar em conta essa situação e mostrar claramente, de maneira transparente, que ela está lá para socializar, colaborar, dar suporte e ajudar cada um a se desenvolver e atingir seus objetivos. É o momento de dar vazão a sua capacidade intuitiva e de pôr a seu favor a sensibilidade feminina, fruto de suas capacidades cerebrais, hoje tão estudadas pela neurociência.

Já desenvolvi coaching para mulheres que entraram numa empresa e tínhamos um objetivo claro: mostrar para que vieram, quais eram seus papéis e que antes de mais nada vieram para somar, trazendo segurança, condição fundamental para o desenvolvimento de um trabalho com qualidade e resultado.

Desenvolver a capacidade de ouvir torna-se fundamental! Verifico que aquelas que têm um talento nato como "ativação" ou "comando", segundo a nomenclatura de Buckingham, terminam com sua capacidade de ouvir prejudicada. Pergunto: o que devemos dar para quem está inseguro e com medo? Devemos dar segurança, e não mais insegurança e medo, recorrendo a atitudes agressivas ou escapistas.

Lidar com homens no ambiente corporativo liderando-os, aconselhando-os, cobrando-os e trabalhando em equipe pode trazer à tona um inimigo imperceptível: o ranço do papel de mãe.

Participando de estudos com o dr. Randall Rigs, psiquiatra, psicólogo e especialista em inteligência emocional, tive a oportunidade de, a partir de reflexões importantes sobre esse tema, passar a ser um observador interessado nessa questão que tenho explorado com meus clientes de coaching, sejam eles homens ou mulheres.

Meu cliente André me procurou para tratar do desenvolvimento de seu plano de carreira e do processo de fixação de objetivos. Conseguimos estabelecer um nível de detalhes exemplar: onde ele gostaria de trabalhar, em que tipo de empresa, em que circunstância e em que área, determinando, inclusive, o tempo de início e término do trabalho, tendo em vista a abertura de uma consultoria própria no futuro, após ganhar experiência. Certamente esse foi mais um caso de sucesso; como "desejado", ele foi trabalhar em uma multinacional com todas as características que gostaria que tivesse, inclusive em termos de ambiente de trabalho. A única coisa que não funcionou foi sua chefe, que ele classificava como uma das pessoas mais inseguras quer conhecera até então, com todas as nuances comportamentais que a insegurança pode gerar numa liderança indecisa. Ele foi tomando uma antipatia que achei exacerbada, até o ponto de pedir demissão da empresa, partindo para outra com um homem na posição de chefe.

Avaliando em detalhes a postura de André, constatamos que ele tinha uma grande dificuldade de receber ordens de sua chefe, uma vez que era um indivíduo com sérios conflitos com sua mãe autoritária. Ele não conseguia separar as coisas e, num processo de projeção, buscava negar as ordens da "chefe" como se fosse sua mãe.

Em outra ocasião, num processo de seleção de candidatos para assumir uma divisão da área comercial de uma grande trade, um deles tinha uma relação quase doentia com a mãe e, por incrível que pareça, ao falar com sua gerente, ela percebeu um processo de insubordinação idêntico ao que ele relatava na relação com a mãe, caracterizada por uma contestação sistemática.

Nas discussões com o dr. Riggs, discutíamos o papel da mãe e as relações desta com os "meninos" principalmente. Chegamos à conclusão de que nossa mãe exerce um papel que, além da amorosidade, é permeado por um conjunto constante de ameaças, muitas vezes até pela falta de recursos para ela enfrentar e administrar a relação com os filhos. Essa é a ideia que exploramos com detalhes no capítulo 3, quando falamos do papel da mulher no ambiente corporativo.

Assim, fica aqui o alerta para você, mulher, prestar mais atenção nas reações de seus chefes, colegas e subordinados, a fim de poder avaliar melhor o comportamento deles no exercício de suas relações e no desempenho de seu papel. Esse olhar poderá fazê-la mudar de estratégia e conseguir ótimos resultados se, uma vez identificado o problema, você assumir uma postura mais conciliadora e pedir ajuda para a solução dos problemas. Nesse ponto, para lidar com esse inimigo oculto, é fundamental uma boa dose de inteligência emocional e partir para um processo que realmente não é fácil, mas que se torna um belo exercício individual no trato com as pessoas: "Não julgar".

Aqui sugiro a leitura de Deepak Chopra, especialmente de seu livro *As sete leis espirituais do sucesso*. No capítulo I, "Primeira lei: da potencialidade pura", pág. 21, lemos: "Outra maneira de acessar o campo da potencialidade pura é por meio do não julgamento. Julgar é estar constantemente avaliando as situações como certas e erradas, boas ou más".

O grande problema é que, quando julgamos, estamos partindo de nosso intelecto, de nossa visão do que é a realidade, devidamente contaminada por nossas memórias, vivências e traumas. Partimos daquilo que conhecemos, o que na verdade é uma parte da realidade, uma vez que toda realidade é relativa. Por outro lado, quando julgamos, colocamos o sujeito "julgado" numa posição em geral de inferioridade, e este já se prepara para um processo desenfreado de defesa, no qual é disparado automaticamente o sentimento de culpa, emoção que nos é imposta pelo pai, pela "mãe gigante" e depois reforçada pelos professores e por muitas instituições religiosas.

A melhor maneira de você lidar com esse processo é, em vez de julgar, expressar seus sentimentos e informar a seu interlocutor os efeitos da atitude dele sobre você e sobre o contexto em que atua e suas consequências para o todo.

A esse respeito, gostaria de exemplificar com uma situação que vivi no passado e que, além de ser útil, foi muito gratificante para mim como responsável por aquela ação. Há alguns anos, quando estava envolvido com um projeto de que participava um executivo convidado de cuja maneira de atuar eu estava discordando fortemente, chamei-o para uma conversa franca. Em vez de julgar suas atitudes, o que o colocaria em estado de ameaça, conversei calmamente sobre o contexto e suas ações, que estavam criando problemas para o projeto, e comecei a dizer o que aquela situação gerava em mim, inclusive um sentimento de raiva com relação a ele, sentimento esse que era o último que gostaria de sentir por ele, uma vez que realmente era uma pessoa de quem eu gostava, e que a evolução dessa situação poderia descambar, influenciada pelo sentimento de raiva que era legítimo e que eu sentia, mesmo sem querer sentir.

Em nenhum momento eu o julguei. A conversa terminou com uma reflexão profunda, e, ao final, ele pediu seu desligamento do projeto, o que foi bom para ambos os lados.

ALGUMAS QUESTÕES PARA VOCÊ REFLETIR

- Como tem sido sua relação com subordinados homens? E com os chefes?
- Você prefere trabalhar com homens ou mulheres? Por quê?
- Quanto você tem julgado aqueles que trabalham com você?
- A essa altura, o que você gostaria de mudar em suas relações de trabalho com seus subordinados, colegas e superiores?
- O que você ganharia com essas mudanças?

* * *

DICAS

- Se se sentir ameaçada, escreva as ameaças imediatamente num papel.
- Ao ouvir o outro, procure se colocar em seu lugar.
- Sempre dê uma opção de saída para a pessoa com quem está falando. Quando fechar as portas, deixe uma janela aberta para o ladrão sair. Caso contrário, ele lhe mata!;

- Procure ouvir seus subordinados sempre. Eles podem ter dicas importantes.
- Busque outros modelos mentais. Fale com pessoas diferentes, de setores diferentes, com opiniões contrárias às suas.
- Fora do trabalho procure atividades completamente distintas do que você faz, como pintar, praticar um esporte diferente, ajudar pessoas com problemas totalmente diferentes dos seus.
- Faça exercícios para ampliar sua flexibilidade física e mental.

CAPÍTULO 8

ESTRESSE: PROCURE LIDAR COM ELE, UMA VEZ QUE NÃO HÁ COMO EVITÁ-LO

Se você pensa realmente que é uma "heroína", cuidado: você pode sofrer um burnout.
Emerson A. Ciociorowski

Burnout é um estado mental e/ou físico de exaustão, causado por um estresse excessivo e prolongado.
Girdin

Sem dúvida, a mulher moderna, assim como o homem, não está equipada com um sistema que possa responder com equilíbrio a todas as invenções que criou para si, nem ao número de atribuições e papéis desempenhados em seu dia a dia. Entretanto, a questão do estresse passa por um problema sério, que é o fato das pessoas terem dificuldade de reconhecer quando estão "estressadas", primeiro porque nunca estão no momento presente, principalmente a mulher estressada, mas sempre um passo adiante, o que lhe causa ansiedade.

Uma curiosidade é que, nos processos seletivos que apliquei até hoje em mais de 400 candidatas a cargos de assistentes, vendedoras e líderes, quando pergunto sobre seus pontos fracos, diria que pelo menos 90% respondem de pronto que seu ponto fraco é a ansiedade!

Outro fator que dificulta o reconhecimento do estresse é que a heroína solitária não pode se mostrar estressada nesse ambiente competitivo, pois não estaria apta a competir. Assim, gostaria primeiramente de usar este capítulo para compreendermos o estresse e aprendermos então a lidar com ele com sabedoria.

Vamos começar com a definição do que é estresse. Segundo o prof. dr. Hans Selye, "estresse é uma resposta não específica do organismo a qualquer mudança". O dr. Selye foi o primeiro pesquisador desse mecanismo e importou a palavra "estresse" da física de materiais, que usava a palavra, por exemplo, para definir o estresse que uma ponte sofreria, e a partir disso definia-se a qualidade dos materiais que se colocaria na ponte para suportar o peso e a força do tráfego sobre ela.

Neste ponto cabe um parêntese para comentar o fato de que uma ponte rígida tenderia a quebrar ou partir-se. Por isso, é necessário que toda ponte tenha flexibilidade. Ora, podemos aplicar essa analogia a nós mesmos, uma vez que a flexibilidade é um dos fatores mais importantes para lidarmos com o estresse cujo impacto nos atinge no dia a dia. Pense seriamente nisso!

Muito bem, continuando, quando o dr. Selye define "resposta não específica", quer dizer que cada organismo reage de uma forma diferente. Assim, podemos deduzir que cada indivíduo tem um modo próprio de responder ao estresse e, por isso mesmo, não somos capazes de julgar o nível de estresse do outro!

Aqui, cabe outra abordagem importante, que é a de Richard Lazarus, companheiro do dr. Selye nos estudos sobre esse tema. Ele dizia que cada um reage de maneira diferente, uma vez que nossa reação aos fatores estressantes depende de nossas memórias e de experiências passadas.

O estresse é um mecanismo disparado em nosso sistema límbico, que – como dissemos em capítulo anterior – é um conjunto de estruturas cerebrais que se desenvolveu junto com a evolução do cérebro dos mamíferos. O sistema límbico é o responsável por nosso impulso reprodutor para manter a espécie, por nosso sistema de busca de alimento, quando o corpo necessita repor suas energias, e também é responsável por fugirmos ou lutarmos diante de uma ameaça exterior.

Um detalhe aqui é importante: o sistema límbico responde qualquer ameaça real ou imaginária. Esse é um grande problema para pessoas que alucinam demais e imaginam situações que jamais irão acontecer. Para o sistema límbico, a imaginação já é suficiente para disparar o processo de estresse, com todos os seus efeitos nocivos.

Neste ponto me recordo de uma cliente que me ligou desesperada porque a diretora da empresa a chamou para uma conversa no final da tarde. Como essa cliente tinha uma autocrítica muito forte e, ao mesmo tempo, não estava satisfeita com sua posição na empresa, já entrou em pânico só com a convocação para a tal reunião com a diretora. O fim da história foi que ela havia sido chamada para ser informada de uma promoção, que era tudo o que ela queria para o desenvolvimento de sua carreira. Nesse caso, o altíssimo estresse que ela passou antes de saber da promoção foi causado apenas pela suposição de que iria ser despedida e perder o emprego!

Lembramos neste momento uma citação de Colin Crook em seu livro *A força dos modelos mentais*: "Uma das ilusões mais persistentes – e talvez a mais limitadora – é a crença de que o mundo que vemos é o mundo real".

Nossa capacidade de alucinar é tremenda e constrói histórias incríveis, que geram um processo de desgaste desnecessário. Assim, quando nos sentimos ameaçados, nosso sistema límbico capta informações por meio dos sentidos e as conduz diretamente ao tálamo, que é o núcleo sensitivo e centralizador das informações no cérebro. A partir do tálamo, os impulsos nervosos tomam dois caminhos: uma parte segue para a amídala e o hipotálamo, e a outra para o córtex visual, que faz uma avaliação das imagens recebidas. Cabe aqui ressaltar que essas imagens podem ser reais ou imaginárias!

A partir daí, entra em ação o hipocampo, que está relacionado a memórias passadas e fará uma comparação com as experiências vividas anteriormente. Se o hipocampo avaliar que há uma ameaça, a amídala entra em ação imediatamente, disparando um alarme para várias partes do cérebro, liberando noradrenalina, ativando os músculos da face e o sistema nervoso simpático, que por sua vez aciona a produção de adrenalina e de cortisol pelas glândulas suprarrenais. Essas substâncias ampliam nossa circulação sanguínea, enrijecem nossos músculos – para lutar –, aceleram a respiração e os batimentos cardíacos e aumentam a pressão arterial, o que nos permite decidir se realmente devemos lutar ou fugir. Esse é o famoso mecanismo "fight or fly" de que os norte-americanos tanto falam. Então, só a partir daí é que as mensagens serão enviadas ao córtex frontal para passarmos a um processo de avaliação e planejamento racional. Antes disso muita coisa já aconteceu, numa alta velocidade de processamento. Como se trata de um processo autônomo, não temos nenhum controle sobre ele.

Todos nós convivemos com o estresse desde os tempos das cavernas. O problema hoje está na intensidade e na quantidade de tempo que passamos estressados. Quando o homem das cavernas ia caçar para trazer alimento para a família, é obvio que se estressava até encontrar e matar a caça. O problema hoje é que estamos caçando uma fera a cada cinco minutos e não damos trégua para que nosso corpo se restabeleça. Não respeitamos o nosso ciclo circadiano, palavra que vem do latim [*circa diem*], que significa "cerca de um dia". Trata-se de um ciclo biológico que o corpo humano e o de outros seres vivos respeitam, baseados na luz solar. No caso dos humanos, esse "relógio interno" que monitora uma série de processos orgânicos está localizado numa área do cérebro chamada núcleo supraquiasmático, no hipotálamo, acima da glândula pituitária.

Infelizmente, nossa vida está nos distanciando de nosso corpo e assim vamos perdendo o que chamo de "consciência corporal". Não respeitamos nossos limites e passamos a viver, principalmente nas grandes cidades, o estresse da falta de tempo, do trânsito, da violência, do ruído de mais de 85 decibéis, de nossa vigília de quase 24 horas. Não fomos desenhados para bancos 24 horas, supermercados 24 horas, restaurantes 24 horas e até academias de ginástica 24 horas! Nosso corpo é uma máquina que vem evoluindo nos últimos 60 mil anos e não lhe é possível se adaptar a esse novo modelo, que tem apenas duas ou três décadas.

A esta altura, você deve estar achando que sou um cara chato que está propondo a você abandonar as compras noturnas do supermercado, seu jantar social depois das 21h, as festas que frequenta às quintas-feiras e a dança aos sábados. Não é nada disso. O que proponho é que você esteja consciente de seus limites e os respeite. Perceba seu corpo. Não seja uma sonâmbula. A ideia é que, com sabedoria, você não faça da exceção uma regra que desequilibre seu corpo e, portanto, sua mente.

E tem mais, nossa heroína solitária: Deus quis que a mulher tivesse algumas diferenças com relação ao homem, e você, que muitas vezes trabalha como um homem, deve levar em conta algumas de suas características fisiológicas e hormonais.

No processo do estresse, um de seus aspectos fundamentais é o impacto negativo sobre a produção de serotonina, diretamente relacionada aos quadros de depressão e ansiedade. Como mencionei na página 19 e vou mencionar adiante, segundo estudos de Daniel Goleman, as mulheres produzem em geral 50% menos serotonina do que os homens, o que cria um agravamento na administração dos efeitos do estresse.

Segundo a médica e neurocientista da Universidade de Berkeley, na Califórnia, e autora do livro *The female brain*, a dra. Louann Brizendine, as mulheres na fase da menopausa, quando o estrógeno diminui e aumenta a presença da oxitocina (hormônio produzido pelo hipotálamo e armazenado na hipófise posterior com a função de promover as contrações musculares uterinas durante o parto e a ejeção do leite durante a amamentação), estão menos interessadas nas nuances emocionais, menos preocupadas em manter a paz, e com a menor produção do hormônio dopamina (neurotransmissor cerebral, produzido por um grupo de células chamadas neurônios pré-sinápticos, cuja atuação promove, entre outros efeitos, a sensação de prazer e a sensação de motivação) elas sentem menor preocupação com as coisas que fizeram no passado, inclusive conversar com amigos.

Tudo isso conduz a uma questão: o impacto dessas alterações no processo de estresse da mulher é inevitável, e é preciso assumir, tomar posse dessa situação para administrá-la da melhor maneira possível, a fim de alcançar mais equilíbrio e menos sofrimento. Lembre sempre que uma pessoa estressada tem menos condições de se relacionar com os outros, menor capacidade de ouvir o outro e, em consequência, acaba tendo uma qualidade de comunicação mais pobre. Mas o problema crucial não está nos aspectos fisiológicos e emocionais em si, mas sim na capacidade de reconhecer seu estresse e ter a coragem de lidar com ele.

Outra questão diretamente ligada ao estresse nas mulheres é o desenvolvimento do que se chama hoje de fibromialgia. Segundo o site <www.fibromialgia.com.br>, esse problema

> se refere a uma condição dolorosa, generalizada e crônica. É considerada uma síndrome porque engloba uma série de manifestações clínicas, como dor, fadiga, indisposição, dis-

túrbios do sono. Atualmente sabe-se que a fibromialgia é uma forma de reumatismo, associada à sensibilidade do indivíduo frente a um estímulo doloroso, que envolve músculos, tendões e ligamentos. A fibromialgia pode prejudicar a qualidade de vida e o desempenho profissional, motivos que plenamente justificam que o paciente seja levado a sério em suas queixas. Como não existem exames complementares que por si só confirmem o diagnóstico, a experiência clínica do profissional que avalie o paciente com fibromialgia é fundamental para o sucesso do tratamento.

Em estudos norte-americanos e europeus, a prevalência encontrada de fibromialgia foi de 2,1% na prática clínica de família, 5,7% na clínica geral, 5% a 8% em pacientes hospitalizados e chegando de 14% a 20% dos atendimentos em reumatologia. Existe forte predominância do sexo feminino (de 80% a 90% dos casos), com um pico de incidência entre os 30 e os 50 anos de idade, podendo manifestar-se em crianças, adolescentes e indivíduos mais idosos. A doença acomete mais frequentemente pessoas de melhor nível social e educacional

Raros são os casos de fibromialgia que não estejam relacionados à queda do nível de dopamina e serotonina e aos processos de estresse. E, como dizia Shakespeare, "a dor enerva a alma, torna-a mais temerosa, degenera-a... é o veneno da beleza".

Por outro lado, chamo sua atenção para o fato de que, com base em históricos de clientes e amigos, vemos claramente que hoje em dia há uma quase banalização desse distúrbio pelos médicos, que, por falta de diagnósticos mais precisos, rotulam muitos problemas como fibromialgia. Ou seja, quando não sabem ou não dão conta do quadro de sintomas, generalizam e qualificam o problema nesses termos.

Por isso mesmo, é importante que você, leitora, tenha um médico de confiança que conheça seu histórico clínico e seu estilo de vida para poder fazer uma avaliação até dos especialistas que a acompanham, no caso de certos diagnósticos, mesmo porque a tendência hoje continua sendo avaliar o paciente em "pedaços", esquecendo-se do aspecto clínico global do paciente.

Depois de falar tantas coisas negativas sobre o estresse, também cabe mencionar que o estresse pode ser útil, porque nos move adiante, nos impulsiona a avançar. Sempre digo que, se não fosse o mecanismo do estresse, o homem estaria por inventar a roda.

Quando vemos um corredor aguardando o disparo da pistola para começar a competir numa corrida de 400 m, ele está estressado. O friozinho na barriga diante de uma apresentação, que o Pavarotti dizia sentir antes de entrar no palco, é um estresse positivo. Assim como o estresse que nos move a casar, mudar para uma casa nova ou tirar férias. Quero deixar claro que as coisas de que gostamos também geram estresse. O estresse é positivo, é uma defesa de nosso corpo que está sentindo uma ameaça e se sente inseguro frente a qualquer mudança. O ruim é quando o estresse se torna crônico a ponto de poder se tornar um burnout.

Então vamos entender o que é isso. No início dos anos 1970, estudos realizados nos EUA, identificaram uma síndrome que denominaram de "síndrome do burnout". Literalmente, burnout quer dizer as cinzas que sobram no dia seguinte da lenha que queimamos na lareira. Estima-se que em torno de 8% da força de trabalho no mundo todo já tenha experimentado o burnout.

Segundo o Intitute of Stress Managment (Isma), do Brasil, "burnout", traduzido como fogo descontrolado, é o estágio mais avançado do estresse. Essa doença caracteriza-se por exaustão, ceticismo e ineficácia, requer acompanhamento médico e, em alguns casos, uso de medicamento – em geral, antidepressivos. Registros demonstram que o problema – que em média diminui em cinco horas o desempenho profissional do portador – atinge 30% da população brasileira economicamente ativa, causando um prejuízo estimado em 3,5% no PIB nacional anual. Os resultados da pesquisa colocaram o Brasil em segundo lugar no mundo, e o Japão em primeiro, com alarmantes 70%. Em terceiro, a China, com 24%. Em seguida, vêm os Estados Unidos (20%), a Alemanha (17%), a França (14%) e Israel (9%). Em Hong Kong o burnout atinge apenas 6% dos profissionais e nas Ilhas Fiji, fechando a lista, 2%.

Em outra pesquisa realizada por Gisele Levy, da Universidade Estadual do Rio de Janeiro (Uerj), 70% dos professores de cinco escolas de ensino fundamental de Niterói (RJ) apresentavam sintomas da síndrome de burnout. Segundo Gisele, 86% do total de professores que responderam à pesquisa se sentiam ameaçados em sala de aula. "Tanto em regiões nobres quanto pobres, a sensação de ameaça e medo da violência, dentro e fora da escola, é grande", afirma a pesquisadora.

O burnout é uma doença séria, que atinge o indivíduo com estresse severo e chega sem muito aviso prévio. Principalmente para aqueles que esticam demais a corda, como aquelas executivas que chamo de "movidas a adrenalina", que querem mostrar resultados e veem no desafio seu grande motivador. A superação é importante, mas respeitando e galgando seus limites, degrau a degrau. Elas se sentem muito mais do que heroínas e acabam destruindo suas vidas.

Conforme o conceito de burnout adotado por Maslach (1982), a referida síndrome consiste em "uma reação à tensão emocional crônica por tratar excessivamente com outros seres humanos, particularmente quando eles estão preocupados ou com problemas".

As causas do burnout sempre estão relacionadas a objetivos irreais, num ambiente em que se cumprem muitas tarefas para muitas pessoas. Situações em que o ambiente de trabalho é muito tenso, transcorre segundo regras muito duras, algumas vezes até violando valores pessoais ou éticos, ou em que a pessoa se sente trapaceada pelo contexto econômico e financeiro podem desencadear o burnout.

O desafio constante e exacerbado da superação pode trazer o burnout, e as mulheres estão expostas a uma série de armadilhas insidiosas como:

- sair de férias e não se desligar do trabalho;
- sair de férias e continuar atendendo o celular para resolver problemas;
- trabalhar sistematicamente nos fins de semana;
- não tirar férias regularmente;
- trabalhar preocupada com os filhos em casa;
- pensar que sempre tem mais uma reserva de energia;
- achar que o burnout só acontece com os outros;
- perder o controle dos compromissos quanto ao tempo;
- longas jornadas de trabalho;
- desequilíbrio entre vida pessoal e profissional.

ASPECTOS DO BURNOUT (CF. MASLACH, 1982)

- Há uma predominância de fadiga, depressão e exaustão mental e emocional.
- Os sintomas são mais mentais e comportamentais do que físicos.
- Os sintomas estão relacionados ao trabalho.
- Em geral, o burnout se manifesta em pessoas com histórico de psicopatologias.
- Diminuição do desempenho e resultados negativos em atitudes e comportamentos.

Os sintomas do burnout podem ser estruturados em três aspectos:
1. exaustão emocional, caracterizada por falta ou carência de energia, entusiasmo e um sentimento de esgotamento de recursos;
2. despersonalização, caracterizada por tratar clientes, colegas e a organização como objetos;
3. baixa realização pessoal no trabalho, caracterizada por uma tendência a se autoavaliar de forma negativa.

* * *

OS SINTOMAS PODEM SER DE DUAS ORDENS

- Físicos: exaustão, fadiga, dor de cabeça, distúrbios gastrintestinais, insônia e dispneia (falta de ar).
- Psicológicos: humor depressivo, irritabilidade, ansiedade, rigidez, negativismo, ceticismo e desinteresse pelas coisas do dia a dia.

TENDÊNCIAS COMPORTAMENTAIS

- Criticar tudo e todos que a cercam.
- Pouca energia para as diferentes solicitações do trabalho. Frieza e indiferença para com as necessidades e o sofrimento dos outros.
- Sentimentos de decepção e frustração.
- Comprometimento da autoestima.

TIRAR FÉRIAS É MAIS DO QUE NECESSÁRIO

Segundo matéria publicada no jornal *O Estado de S. Paulo*, em julho de 2007, a maioria das executivas aproveita apenas dez dias de descanso quando se afasta da empresa. É comum inclusive, quando estão com a volta prevista para a semana seguinte, já terem voltado mentalmente. Assim, cuidado para não tirar seus dias de férias e ficar checando e-mails e com o telefone celular em prontidão, ainda com a mente no que acontece no ambiente de trabalho.

Por esses comportamentos inadequados, tirar férias passa a ser uma fonte imensa de estresse, o que faz com que nossas heroínas diminuam esse tempo longe do trabalho. Medo de que as coisas fujam do controle, medo da caixa de e-mail entupir de mensagens, medo dos assuntos delegados não terem o encaminhamento adequado são motivos para as pessoas evitarem as férias.

O velho ditado "não tire muito tempo de férias porque podemos perceber que você não faz falta" parece brincadeira, mas aflige muita gente. A perspectiva de que decisões importantes possam ser tomadas na empresa, durante a ausência do funcionário, gera grande insegurança.

Férias é algo que deve ser planejado com antecedência e trabalhado para que você possa realmente "estar" de férias. Caso contrário, só irá aumentar seu nível de estresse. Por outro lado, se você for viajar com seus filhos, um planejamento específico de lugares e roteiros deve ser bem pensado, inclusive para você desfrutar da companhia deles de uma forma que normalmente você não faz. Faça uma avaliação de seu papel de mãe e estabeleça o que a deixaria feliz nessa próxima viagem.

Dar uma parada, essa é a grande sacada!

Um dos grandes insights com que fui presenteado partiu de minha mulher, Cristina. Uma ocasião estava discutindo com ela o conceito que lancei com a marca Stressbreak© (www.stressbreak.com.br). Cristina é o exemplo da mulher "guerreira", empreendedora no ramo da moda. Num determinado ponto da conversa ela falou:

– O conceito de Stressbreak© é fantástico porque, se você chegar para uma pessoa e falar que ela tem de tirar 30 dias de férias porque está estressada, a pessoa vai pirar e não vai dar a mínima. Agora, se você propõe uma pequena pausa com algo que lhe dê prazer, aí sim a pessoa vai escutar.

Realmente, o conceito do Stressbreak© é fazer uma pausa suficiente para que seu organismo, seu corpo e sua mente possam se recompor.

Faço um paralelo com uma experiência com música. Se você estiver com alguém que está acelerado e puser uma música zen para o indivíduo ouvir, ele não aguenta. Você precisa colocar uma música com mais ostinato (padrão rítmico) e a partir daí ir diminuindo o ritmo.

Em outras palavras, se você está no meio de um projeto que o obriga, seja por que circunstância for, a trabalhar no fim de semana, trabalhe desde que você estipule os seus stressbreaks durante o desenvolvimento do projeto. Você pode trabalhar e planejar um café da manhã gostoso, mais lento, uma corrida no parque no final do dia, um momento para uma conversa com seus filhos ou até mesmo um jantar caprichado na companhia de quem você gosta. Você deve ter um tempo para literalmente se distrair e interromper os pensamentos sobre o trabalho.

Minha intenção neste capítulo é que você tome coragem para reconhecer quando está estressada e assuma a responsabilidade de como lidar com isso, aprendendo como fazê-lo.

Lembre-se de que seu corpo está continuamente mandando informações importantes para você. Não cuide apenas dos sintomas. Não fique apenas tomando tranquilizantes para dormir e estimulantes para pular da cama e poder trabalhar.

Lembre-se de que os fatores mais estressantes são o trânsito e a maneira como lidamos e administramos nosso tempo. Faça um diagnóstico de como você usa seu tempo e das coisas que a estressam. Ponha no papel suas rotinas, os hábitos ou as pessoas e os assuntos que mais a estressam. Quais são seus limites? Estabeleça criteriosamente seus objetivos. Planeje suas ações. Coloque no papel seus medos. Você verá parte desses medos desaparecerem assim que colocá-los numa folha de papel.

Faça seus check-ups periódicos. Cuide de sua saúde. Procure ter um médico clínico que acompanhe sua evolução. Estou cansado de ver mulheres executivas que sequer cumprem com a rotina de ir ao ginecologista e fazer exames de mama.

Fazer o exame preventivo de mama, por exemplo, é de extrema importância, pois o câncer, quando detectado na fase inicial, tem bem mais chances de cura, possibilitando menor sofrimento. Inclusive, recomenda-se que o autoexame da mama deva ser realizado a partir dos 21 anos de idade, para que a mulher, tocando todas as partes dos seios, possa perceber alterações. É fundamental a orientação do(a) ginecologista para a mulher fazer esse exame corretamente. Para as mulheres com mais de 40 anos, é indicada a mamografia pelo menos uma vez ao ano, pois ela poderá detectar um possível câncer de mama com exatidão e precocemente, evitando a mastectomia na maioria das vezes.

Portanto, não banque a heroína e administre seu estresse antes que seja tarde!

DICAS PARA ADMINISTRAR SEU ESTRESSE

- Inicie seu dia com um bom café da manhã.
  Aprenda a dizer "não".
- Relaxe e medite para ter percepção corporal e perceber seus limites.
- Reavalie seus objetivos de curto, médio e longo prazo.
- Faça uma avaliação de seus compromissos com o trabalho e com os afazeres pessoais.
- Procure fazer um diagnóstico do uso de seu tempo.

- Avalie o quanto de seu tempo está dedicado a coisas realmente importantes.
- Divida as atividades com familiares e/ou amigos quando houver excesso ou sentir que precisa de ajuda.
- Administre seu tempo, tendo em vista seus valores e prioridades.
- Procure organizar suas tarefas, de preferência logo pela manhã. Procure deixar de 20% a 30% do tempo sem compromissos. Eles surgirão sem você pedir!
- Priorize suas tarefas começando pelas mais importantes e que geram maior impacto e benefícios.
- Trate de aprender e fazer cursos sobre administração de estresse.
- Quando se sentir estressado, volte a atenção para sua respiração e induza uma respiração controlada contando mentalmente os segundos, desde que se sinta confortável.
- Aprenda a ouvir o outro.
- Sinta-se encorajado a fazer perguntas ou dizer que não sabe uma coisa. Busque ajuda.
- Sinta seu corpo e suas reações quando está sendo solicitado.
- Relaxe sua mente todos os dias.
- Tenha tempo para descansar e para o ócio.
- Encontre algum tempo para meditar, ou apenas relaxar, durante o dia. Se possível faça isso em duas sessões de 20 minutos. Se não conseguir, tente uma vez por cinco minutos e vá aumentando o tempo devagar, sem se cobrar em demasia.
- Tenha cuidado com sua dieta e procure ter um sono repousante.
- Procure dormir mais cedo.
- Procure um tempo para almoçar calmamente.
- Quebre sua semana no meio. Na quarta-feira, saia mais cedo, faça uma atividade com seu parceiro ou com seus amigos; a sexta-feira feira ainda está longe.

- Evite levar trabalho para casa.
- Pratique algum esporte ou atividade física de seu agrado.
- Pratique o riso.
- Ponha-se em primeiro lugar dentro de seu universo. As pessoas a seu redor agradecerão!
- Procure sempre um médico para acompanhar seu estado físico e mental.
- Faça check-ups regulares e tenha um médico clínico para acompanhá-la pelo resto de sua vida.
- Aprenda a identificar as situações que provocam tensão.
- Faça uma lista das coisas que lhe estressam neste momento.
- Verifique quais mudanças você deve fazer pensando nos ganhos e perdas com cada uma delas.
- Diante de uma situação difícil pergunte-se: "O que pior pode acontecer comigo diante desta situação?"
- Planeje melhor as atividades para evitar acúmulo.
- Seja seletiva com as notícias da imprensa. As que mudam a cada 20 minutos não irão afetar muito sua vida.
- Diminua o nível de exigência consigo mesma e com os outros. Isso pode facilitar o manejo de situações que trazem ansiedade.
- Procure ter momentos de lazer e descanso.
- Tire férias regularmente.
- Procure sair de sua cidade periodicamente para descansar.
- Tenha mais contato com a natureza.
- Dê uma pausa no celular e no tablet.
- Faça uma lista das coisas que lhe dão prazer.
- Tome decisões: é a melhor maneira de frear o estresse.

CAPÍTULO 9

PLANEJAR O DESENVOLVIMENTO PROFISSIONAL, SIM; CONTROLAR O MUNDO, NÃO

Não podemos controlar o que ocorre a nossa volta, mas podemos escolher como agir diante do que nos acontece.
Anônimo

Tenho muitas dúvidas quanto à palavra "controle". Em meu mapa mental, controle é algo rígido. No *Dicionário Aurélio da língua portuguesa*, "controle" quer dizer: "1. Ato de controlar, dominar. 2. Fiscalizar para não desviar de normas".

Como dizia Buda: "Um dos grandes dilemas do homem é querer controlar tudo a sua volta". Creio que não podemos controlar nada, mas temos de aprender a "lidar com" aquilo que está a nossa volta.

Uma ocasião, quando varava madrugadas com o dr. Randal Riggs, meu mentor em inteligência emocional, discutindo o "controlar emoções", concluímos que não controlamos as emoções, mas podemos lidar com elas. É impossível não sentir uma emoção disparada dentro de nós. Quando tomamos conhecimento da emoção, quando a sentimos, já é um processo que está avançado dentro de nós e o que nos resta é saber lidar com esse sentimento. Não posso pré-estabelecer que eu não vá sentir medo de algo que desconheço. Primeiro o medo se manifesta e depois, sim, vou ter de aprender como lidar com ele naquela circunstância. "Lidar" tem a conotação de trabalhar, de se esforçar. Lidar está muito ligado a nosso "jeitinho", é mais flexível, fluido!

De maneira geral, o que observo em meus clientes é que há uma grande falta de planejamento em seu desenvolvimento profissional. Planejar é algo muito controverso, especialmente em nossa cultura brasileira. Dadas nossas características, de sermos um povo muito flexível e criativo, planejar tem uma conotação de rigidez, uma vez que está ligada a controle.

Em geral, quem tem resistência ao planejamento tem uma frase pronta: "Como vou planejar o ano que vem se não sei nem o que vai acontecer amanhã?"

Há algum tempo correu na internet a história da mulher que guardou na gaveta do criado-mudo uma calcinha que seu marido lhe dera, aguardando um momento especial, até que um dia ela sofreu um acidente e morreu sem usar a calcinha que aguardava por um futuro especial.

O planejamento, na verdade, busca criar cenários alternativos e dar uma direção a seguir. Isso é importante porque, mesmo quando a vida propicia a oportunidade de uma guinada de 180°, ficará mais fácil fazermos nossas escolhas, uma vez que, quando planejamos, estamos também elegendo valores e propósitos naquilo que queremos fazer. Portanto, aceitar o que a vida nos propicia fora do que está planejado fica mais fácil se é uma escolha que está alinhada com nossos valores, crenças e missão.

Apesar de o planejamento estratégico ser tecnicamente algo que muitos conhecem, poucas são as pessoas que têm um plano detalhado de suas ações. Menos ainda sobre o desenvolvimento de suas carreiras. Em geral somos "empurrados" pelas circunstâncias e pelas oportunidades, e muitas vezes não vamos na direção que realmente gostaríamos. É comum as pessoas dizerem:

– Bem, se eu tivesse de recomeçar minha vida faria isso ou aquilo, mesmo porque o que faço não me dá prazer.

No caso de nossas heroínas solitárias, elas ainda têm alguns agravantes que impõem um processo de planejamento mais adaptado a sua condição de mulher. Estou falando especificamente da maternidade. Essa é uma questão muito séria a refletir. As mulheres enfrentam o dilema da idade para ser mães, estar com os filhos, acompanhar a educação deles. Claro que cada uma tem seu olhar próprio e seu sentimento com relação a isso. No entanto, tenho ouvido muitas vezes mulheres falando de seu arrependimento porque não estiveram com os filhos nos primeiros anos de vida ou, por outro lado, porque se afastaram totalmente do mercado de trabalho e estão tendo muita dificuldade na hora de retornar.

A maternidade precisa ser planejada e, se a escolha de permanecer com os filhos em seus primeiros anos de vida for o que satisfaz a mulher, algo precisa ser planejado para a fase seguinte. Alguns aspectos são importantes de ter em mente, como manter uma rede de contatos, continuar atualizada com a realidade do mercado de trabalho, ler livros e revistas, participar de eventos e congressos, até ter um blog onde possa atuar nos momentos em que a criança dorme, e assim não ficar distante do mercado.

Essas questões precisam estar no papel, mesmo porque a gravidez pode acontecer inesperadamente, e aí?

Conforme pesquisas realizadas em 2006, apenas 5% das empresas no Brasil utilizam o planejamento estratégico como ferramenta de gestão, e 70% das que usam o planejamento falham. Não por falhas de estratégia, mas por falta de execução.

Atribuo a falta de execução mais a uma questão de comportamento e de falta de hábito. Temos de insistir e ao mesmo tempo, quando se inicia um processo de planejamento numa empresa ou no campo pessoal, temos de vencer a inércia, que muitas vezes nos é imposta. No entanto, a maior dificuldade é que perdemos o foco ao longo do tempo, desviando-nos do planejado e apagando os incêndios do dia a dia.

Chego a ficar triste quando vejo pessoas que não fazem o monitoramento do processo de coaching e retornam depois de dois ou três anos pondo na mesa os mesmos objetivos e metas de antes, uma vez que fugiram da rota por falta de uma força externa que lhes tivesse cobrado o foco em suas ações.

No entanto, planejar o desenvolvimento da carreira não quer dizer estabelecer metas. Nem tampouco estabelecer objetivos no dia de ano-novo ou sonhar com o cargo de diretor ou presidente. Planejar é um processo dinâmico no qual podemos e devemos aprender com o próprio processo, ajustando nossas ações no dia a dia, buscando criar e nos adaptar às mudanças, oportunidades e crises que surgem no meio do caminho.

Vamos lembrar agora algumas definições que apresentei no livro anterior, *Executivo, o super-homem solitário:*

> Planejar é imprimir uma direção, mostrando como podemos chegar a determinados objetivos, que estabelecemos de maneira clara e num prazo determinado.
>
> Quem planeja cria uma visão de futuro que, na verdade, é o seu sonho. Esse sonho deve estar ligado a um propósito que deve fazer sentido e proporcionar uma visão da direção a seguir. Assim que a visão e o propósito estão estabelecidos, planejamos para determinar como atingir nossa visão e cumprir nossa missão.
>
> *Estratégia*, conforme definido no dicionário de português do Houaiss: 1. Militar. Arte de coordenar as ações das forças militares, políticas, econômicas e morais implicadas na condução de um conflito ou na preparação da defesa de uma nação ou comunidade de nações.
>
> [*Strategia*], em grego antigo, significava a qualidade e a habilidade do general; ou seja, a capacidade do comandante para organizar e levar a cabo suas campanhas militares.

Porém, nada disso adiantará se não estabelecermos um prazo para agir.

Nosso inconsciente precisa de prazos, e isso nos facilita a eleição de ações prioritárias e a própria administração de sua execução e do nosso tempo.

Por outro lado, a cada dia, mais e mais pesquisadores da área citam a necessidade de estabelecermos micrometas que vão sendo atingidas ao longo do processo e passam a ser uma fonte natural de automotivação.

Uma vez estabelecido o plano no papel, com as estratégias definidas, passamos ao processo de monitoração. Aqui entram a flexibilidade e a perspicácia como os maiores atributos dos líderes. Flexibilidade para adaptar, recuar, avançar, mudar modelos e paradigmas e corrigir rotas.

Em vez de apenas "controlar o processo", temos de ter a noção de "lidar" com ele. "Controlar" é algo que nos dá uma noção policialesca, rígida e menos criativa. "Lidar" pode estimular em nós as noções de flexibilidade, maleabilidade e fluidez (CIOCIOROWSKI, 2008).

A grande maioria dos homens e das mulheres com que lido, tem dificuldade para responder a algumas perguntas básicas, como: "Como você pretende estar, dentro de cinco anos, na sua vida profissional?".

As respostas são muitas vezes vagas: "Quero ser diretora", ou "Quero estar ganhando bem", e não são suficientes para podermos direcionar esforços, estabelecer ações táticas e obter resultados.

Para planejar o desenvolvimento de sua carreira, você, mulher, precisa ter uma visão de futuro levando em conta a maternidade ou não, de que maneira quer exercer seus múltiplos papéis e que tipo de qualidade de vida quer ter, de maneira que o seu trabalho deva estar alinhado com seu propósito. De que maneira o seu trabalho pode ser uma ferramenta de viabilização do seu propósito de vida? Por que você trabalha? Como você quer estar daqui a três ou quatro anos? Como pretende administrar a casa, a família, os filhos, o relacionamento afetivo e cuidar de si mesma? Com base nessas questões, você deve avaliar o ambiente interno da empresa, ou do seu negócio, e verificar as possibilidades externas que o mercado oferece hoje e as que poderá oferecer no futuro próximo.

Nosso networking deve levar em conta grupos e pessoas de outras áreas, concorrentes e até pessoas que pensem de maneira diferente. Estas são importantes para questionarmos nossas ideias e nossos modelos mentais, criando novos circuitos cerebrais e gerando maior plasticidade na maneira como pensamos.

Hoje, uma das bases do meu trabalho está centrada na avaliação dos Pontos Fortes e dos Talentos e isso pode fazer total diferença para você chegar aonde realmente quer.

Em 2003, tive contato com o livro *Now Discover Your Strengths*, escrito a quatro mãos por Marcus Buckingham, vice-presidente do Instituto Gallup, e Donald O. Clifton, considerado o "pai da Psicologia Positivista" pela American Psychology Association. Hoje, esse livro está na versão 2.0 nos Estados Unidos e existe uma edição da primeira versão em português (Ed. Sextante).

Os dois autores trouxeram uma nova proposta de paradigma para os processos de treinamento e coaching que abordarei mais profundamente no capítulo 15 deste livro.

Essa nova visão reforça a tese de continuar corrigindo nossos pontos fracos para que não atrapalhem a performance, mas o grande foco está em desenvolver nossos pontos fortes.

Neste ponto, gostaria de fazer uma associação do conceito de pontos fortes com a noção dharma, conceito amplamente difundido no ioga.

> O nosso dharma, em sânscrito धर्म, ou o sentido da ordem profunda do nosso ser, torna-se aparente quando nos manifestamos de maneira única, fazemos tudo muito bem feito, praticamente sem nenhum esforço e sem dispêndio de energia. Cada ser humano tem seu dharma, seu talento único que o diferencia dos demais.
>
> Quando assistimos a um virtuoso tocando um instrumento, temos a sensação de que o músico e seu instrumento estão em tal sintonia que o instrumento até parece ser a continuação do corpo dele, tornando músico e instrumento uma peça só. Nesse momento ele está absolutamente fluente, em seu pleno estado de excelência; não há esforço nenhum e nem dispêndio de energia.
>
> Portanto, é de fundamental importância aprimorar nossos talentos, as coisas que sabemos fazer bem, enfim o nosso dharma. Caso contrário, gastaremos uma energia incrível para corrigir os pontos fracos sem o resultado esperado, uma vez que não é nosso dharma (CIOCIOROWSKI, 2008).

Faz parte do processo de planejamento estratégico a avaliação conhecida como análise SWOT, que muitas de vocês já conhecem. A sigla em inglês quer dizer S = Strenghts (forças), W = Weaknesses (fraquezas, ligadas a você e ao seu ambiente interno), O = Opportunities (oportunidades) e T = Threats (ameaças), estas ligadas ao ambiente externo.

O planejamento do seu desenvolvimento de carreira traz algumas vantagens claras:
- dá uma dimensão de tempo – nosso inconsciente necessita disto;

- cria um sentido de direção, visão, propósito e valores – valor é a base do comprometimento e da motivação;
- cria parâmetros para avaliação – metas, resultados – da eficácia do que você está fazendo;
- leva o foco para os objetivos, evitando dispersão de tempo e energia;
- direciona para as coisas que realmente importam em sua carreira e em seu trabalho;
- contribui para você fazer suas escolhas;
- cria maior grau de racionalidade;
- Melhora a administração do seu tempo pessoal e profissional.

Estabelecendo o plano no papel, a mágica acontece...

Pôr no papel é o primeiro passo para o processo de concretização. Posso perceber claramente quando minhas clientes colocam suas ideias no papel. A sensação é de maior clareza e concretude.

A vantagem de colocar as ideias no papel é que podemos assumir uma terceira posição, a do observador, e com isso estimularmos um diálogo interno, que favorece a análise e a avaliação das nossas ideias.

Outro aspecto importante é que, no papel, podemos trabalhar objetivamente em termos de números, que podem representar a grandeza das nossas ideias em termos de valores e de prazos também. Faça esse experimento e perceba como você mesma fica mais satisfeita quando tem uma noção específica de prazo para que algo possa acontecer. Essa prática já era adotada há muitos séculos pelos antigos xamãs havaianos.

Com um plano no papel, conseguimos organizar e visualizar melhor nossas ideias. É comum minhas clientes ficarem aliviadas e perceberem a diminuição de sua ansiedade quando os temas vão para o quadro branco que tenho na minha sala e daí para o papel.

Agora, estamos naquele ponto importante em que estabelecemos as ações que temos de concretizar no curto, no médio e no longo prazo. Uma vez escritas as ações, podemos organizá-las sequencialmente e estabelecer um cronograma racional, organizado no tempo.

Nesse momento, é comum as pessoas se darem conta de que muitas de suas ideias requerem maior foco, trabalho e dotação de tempo do que imaginavam.

Outro dia mesmo, estava trabalhando com uma alta executiva e ela percebeu que, para realizar seu projeto de tornar-se consultora independente em cinco anos, o tempo já estava curto, o que a obrigou a mudar de estratégia na empresa em que está trabalhando.

Muitas vezes temos de adequar nossos planos para um prazo mais realista!

É o momento agora de recapitular o conceito do título: "Querer controlar o mundo, não!" O planejamento é adequado para dar uma direção, mas não se desgaste em querer controlar tudo, nem fique frustrada se parte do que foi planejado não saiu como você queria. É impossível controlar tudo e você sabe disso! Na vida e nos negócios, o imprevisto também é importante porque nos faz crescer e nos desenvolver como seres humanos e profissionais. O imprevisto nos traz a danada da experiência!

Seja flexível e use a intuição. Você já vem aparelhada com algo que em nós, homens, está em desvantagem: a capacidade do gut feeling gerada numa área cerebral de processamento desse sentimento que é maior nas mulheres do que nos homens, segundo a neurocientista dra. Louann Brizendine (2007).

ALGUMAS QUESTÕES PARA VOCÊ REFLETIR

- Você acha importante planejar sua carreira? Por que sim? Por que não?

- Você planeja sistematicamente seu próximo ano ou prefere deixar as coisas acontecerem?
- Você acha que planejar é perda de tempo? Por quê?
- Quais sentimentos você tem em relação a suas realizações e sonhos quando chega o fim de cada ano?
- Quanto do que você planejou foi realizado?
- Você põe no papel seus projetos ou guarda apenas em sua cabeça?

* * *

DICAS

- Procure pôr no papel o que você deseja.
- Fixe micrometas e ações para serem realizadas por trimestre.
- Faça um quadro com cartolina e fotos de revistas velhas que representem seus objetivos e sonhos. Guarde-o de maneira visível em algum canto de sua casa para que possa ver diariamente.
- Se for relaxar ou meditar, use esse quadro como uma tela mental.
- Celebre cada etapa conquistada. Compre algo simbólico para ser o marco da conquista.
- Compartilhe seus planos com alguma pessoa querida e confiável. Com os outros, boca fechada!.
- Planeje sua vida pessoal e profissional a partir de seus valores e propósitos.
- Divida com seu companheiro esses objetivos e planos.

CAPÍTULO 10

VALORES, A MULHER PRECISA RESGATÁ-LOS

> *O sentido da vida reside, precisamente, na realização dos valores.*
> Johannes Hessen
>
> *Quando nosso comportamento está alinhado com nossos valores, nossa experiência é de paz interior.*
> Franklin Covey

Antropologicamente, o papel da mulher é o de socializar. Isso está intrínseco em seu papel dentro da família. Enquanto o homem era o provedor que ia à caça, a mulher cuidava da prole fazendo com que os filhos se relacionassem e interagissem com seus irmãos, avós e outros membros da família. Portanto, seu papel foi e continua sendo o de socializar a criança, cuidando do desenvolvimento de suas capacidades mentais e sociais, dos aspectos físicos e emocionais, para obter o que poderíamos chamar de "o desenvolvimento da criança saudável".

Nesse contexto, proponho discutir a questão da necessidade da mulher contemporânea estimular a reflexão dos filhos sobre os valores, que são a base de nossas escolhas e que, segundo Gregory Bateson, estão no nível de nosso inconsciente.

Hoje podemos acompanhar a profunda crise de valores em nossa sociedade, o que me parece resultar da ausência das mães no processo de formação e desenvolvimento das crianças.

Gosto muito de ouvir a psicóloga Rosely Sayão, especialista em crianças e adolescentes. Outro dia ela comentava que, ao passar por um clube de São Paulo pela manhã, deparou com um grupo de bebês com suas babás enquanto as mães faziam outras atividades não relacionadas com os filhos. Há um distanciamento cada vez maior entre mães e filhos e uma delegação da responsabilidade às babás. E não estou falando de mulheres que trabalham!

Recorrendo à origem das palavras, segundo o *Dicionário Aurélio da língua portuguesa*, "valor" é a "importância de determinada coisa, estabelecida ou determinada de antemão". Quando verificamos o sentido de "valor" no *Dicionário de filosofia de Nicola Abbagnano*, encontramos: "Valor: O uso filosófico do termo só começa a existir quando seu significado é generalizado para indicar qualquer objeto de preferência ou escolha. Os estoicos introduziram o conceito no domínio da ética no século V. A partir daí, portanto, é que se começa a relacionar valor com ética e comportamento".

Quando falo sobre valores, estou me referindo a algo que é a matéria-prima de nossas escolhas. Escolhemos algo porque tem valor para nós. Deixamos algo de lado porque não tem valor para nós.

Em nossa cultura, não somos estimulados a reconhecer nossos valores e muitas vezes vivemos apenas uma vida de experimentações, sem nenhum sentido, pulando de galho em galho, de cidade em cidade, de emprego em emprego, de marido em marido, descartando tudo desorientadamente. Seguimos os valores dos outros, valores que nos são impostos com a "modinha barata" ou com o que é na novela das oito ou na balada da vez.

Cada dia que passa, percebo, com alegria, que quem vivencia meu processo de coaching – no qual dou ênfase aos valores – acaba tendo uma mudança positiva em sua vida. E a cada dia me convenço mais de que esse exercício passa a ser uma ferramenta importante de tomada de conhecimento e de autoconhecimento que, no final, resulta em mais foco e economia de energia e de tempo, além de trazer mais prazer e o sentimento de realização.

Nesses meus 16 anos de experiência em coaching, depois de ter realizado mais de cinco mil levantamentos sobre valores pessoais e profissionais, posso afirmar que em geral as pessoas travam quando faço uma pergunta tão simples como: o que é importante na sua vida? Por quais razões você trabalha? O que é importante para você numa relação amorosa ou de amizade?

Quando nossos valores passam do inconsciente para o consciente, acabamos dando foco ao que realmente somos. Com base em nossos valores é que efetivamente poderemos administrar nosso tempo, fator de desequilíbrio entre a vida pessoal e profissional que abordarei com mais profundidade no capítulo 13.

Como citei anteriormente, todo esse trabalho de valores que desenvolvo está baseado na teoria dos níveis lógicos da mente, do antropólogo inglês Gregory Bateson, descrita em uma de suas mais notáveis obras, o livro *Steps to an ecology of mind* (1972). Tendo estudado a teoria de Bateson, Robert Dilts aplicou esses princípios na década de 1970 na Fiat Automóveis, de Turim, na Itália, transformando a teoria em prática pelo mundo afora. Portanto, afirmo que não é uma visão apenas teórica, mas algo concreto que inclusive nos permite refletir sobre o que é a Fiat Automóveis no mundo hoje. Há cinco anos, seria inimaginável prever que a Fiat seria dona de boa parte da General Motors e da Chrysler, nos Estados Unidos. Da mesma maneira era inimaginável que a Fiat, chegando aqui no Brasil vendo a Volkswagem enraizada no coração do brasileiro com seu fusca, conquistaria o pódio depois de alguns anos.

O grande insight de Bateson foi que, dentro de seus níveis lógicos da mente, os valores têm um lugar especial. Além de estarem em nosso inconsciente, fazem parte de nosso referencial interno e são a base para os processos de motivação e de comprometimento. Só nos comprometemos e nos motivamos por aquilo que é importante para nós.

Quando centro o trabalho na questão dos valores, busco ajudar meu cliente a fazer uma profunda reflexão sobre esse tema e para tanto desenvolvi ferramentas que estimulam essa introspecção, numa abordagem diferente da de algumas empresas e consultorias de coaching que utilizam métodos que estimulam o referencial externo e não os verdadeiros valores dos indivíduos, aqueles que estão ligados a sua identidade como seres únicos no universo. Do ponto de vista da filosofia, o valor é a base do vínculo. Nós nos vinculamos a pessoas, causas, empresas ou culturas que possuem valores similares aos nossos.

Quero deixar bem claro que, quando falo de valores, estou me referindo a sentimentos e comportamentos que:

- nos fazem pular da cama para viver;
- nos motivam;
- são nossas turbinas propulsoras;
- nos unem a pessoas, grupos e causas;
- determinam nossas escolhas;
- estão relacionados a nossa identidade, a nossa alma, a nossa essência.

Por outro lado, não estou me referindo a valores que são:

- retóricos;
- adquiridos pela formação familiar;
- oriundos do meio social;
- resultado da mídia ou do que está na moda.

Ao longo do tempo, concluí que o encontro com os valores é o verdadeiro gatilho para nosso estado de realização, satisfação e felicidade. Daí a necessidade dos valores saírem do campo da retórica, do marketing das empresas, das palavras bonitas escritas e penduradas em recepções luxuosas e nas pomposas salas de reunião e serem cobrados no dia a dia das empresas. Os valores são, sim, uma ferramenta importante quando levados a sério na conduta e nas ações congruentes daqueles que lideram para poder cobrar dos liderados.

Quando a empresa trabalha com congruência, está habilitando-se a cobrar o alinhamento de valores dos funcionários com ela, e aí sim o processo torna-se claro e autoexpurgante, eliminando automaticamente aqueles que não compactuam com os valores da empresa e da equipe, base da formação do DNA daquele negócio.

Se você realmente quer se motivar e motivar aqueles que estão a sua volta, trabalhe para as pessoas encontrarem seus valores genuínos, aqueles que moram no fundo da alma. E ninguém melhor para provocar uma reflexão sobre valores do que você, leitora. No papel de mãe, de conselheira, amiga, líder de sua equipe, com sua sensibilidade e gentileza, invista e provoque o processo de resgate dos valores da alma. Você pode dar uma contribuição capaz de fazer a diferença no ambiente em que vive, principalmente o corporativo, que hoje passa a ser, por imposição e necessidade, o palco de discussões que deveriam acontecer em casa e na escola.

ALGUMAS QUESTÕES PARA VOCÊ REFLETIR

- O que é realmente importante para você na vida?
- O que é importante para você no trabalho?
- O que é importante para você numa relação amorosa?
- O que é importante para você numa relação de amizade?

- Quanto você tem discutido esses temas com as pessoas com quem convive?
- Se você tem filhos, quando foi a última vez que abordou esses temas?

* * *

DICAS

- Olhe para dentro de você e escreva seus valores numa folha de papel.
- Perceba o quanto você tem investido energia e tempo naquilo que é importante para você.
- Discuta esse tema com as pessoas que você ama e convive.
- Compartilhe suas ideias.
- Busque a solitude para mergulhar nessas questões. Pode ser na mata, num mosteiro, num templo ou em qualquer lugar no silêncio ou na natureza.

CAPÍTULO 11

O RISO E O CONDICIONAMENTO FÍSICO: DOIS REMÉDIOS PARA A DEPRESSÃO, A ANSIEDADE E O MAU HUMOR

Errar é humano, tropeçar é comum.
Ser capaz de rir de si mesmo é maturidade.
William Arthur Ward

Sorria um para o outro, sorria para sua esposa,
sorria para seu marido, sorria para seus filhos, sorria um
para o outro – não importa quem seja – e isso ajudará a crescer
um amor maior de um pelo outro.
Madre Tereza de Calcutá

Antidepressivos trazem a tranquilidade,
mas não a paz interior.
Emerson A. Ciociorowski

Durante os últimos três anos, apliquei questionários a mais de 400 mulheres em processos seletivos, e como afirmei na página 89, as respostas sobre seus pontos fracos, em 90% dos casos, indicam como ponto crucial a ansiedade. Do ponto de vista dos neurocientistas, a ansiedade é um estado que se manifesta quando o estresse ou a raiva desencadeia uma ação da amídala cerebral, despertando neurologicamente um estado de absoluta atenção.

Segundo as pesquisas a que teve acesso a dra. Louann Brizendine (2007), a ansiedade é quatro vezes mais comum nas mulheres do que nos homens. Embora esse gatilho não pareça ser uma resposta adaptativa, podemos perceber no processo evolutivo uma correlação da resposta cerebral natural da mulher frente à percepção de algum perigo para sua prole.

Infelizmente, nessa intensidade, a ansiedade nas adolescentes e nas mulheres adultas contribui de maneira substancial para o desenvolvimento de estados depressivos, principalmente na época própria da reprodução.

Essa predisposição das mulheres para a ansiedade é constatada em estudos, de várias partes do mundo, realizados por psicólogos que a atribuem a questões inclusive culturais e sociais. Enquanto isso, os neurocientistas relacionam a ansiedade a genes específicos que tornam mais sensíveis as respostas ao estresse e à ação de hormônios como a progesterona e o estrógeno.

Pelo menos a ansiedade é algo que as mulheres aceitam com mais tranquilidade, creio que por força de seus conceitos e preconceitos. No entanto, isso já não acontece com a depressão, em relação a qual o primeiro fato é a não aceitação do problema.

Como cito em *Executivo, o super-homem solitário*, muitas soluções para a depressão são oriundas de dois campos do saber que continuam sendo alvo de preconceitos: a psiquiatria e a psicologia, vistas como áreas que tratam da "loucura" ou da "frescura", gerando forte desconforto entre os que acabam recorrendo a esses profissionais. Ainda bem que, apesar do preconceito, o mundo feminino aceita melhor essa ajuda do que o mundo masculino.

O meio ambiente e o estilo de vida estressante contribuem enormemente para o desenvolvimento da depressão. Segundo pesquisa publicada pelo Science Daily, em 25 de janeiro de 2012, a probabilidade de episódios depressivos é o dobro para aqueles que trabalham 11 horas ou mais se comparado com as pessoas que têm uma jornada de 7 a 8 horas. A pesquisa foi realizada por Marianna Virtanen do Finnish Institute of Occupational Health and University College, de Londres, que acompanhou cerca de duas mil pessoas de meia-idade que trabalhavam na área civil. "Embora o período de trabalho mais longo possa trazer benefícios do ponto de vista individual e para a própria sociedade, é importante reconhecer que o excesso de horas trabalhadas está associado ao aumento do risco de depressão", afirma a dra. Virtanen.

Pesquisas realizadas pelo University College of London e publicadas no *American Journal of Mental Health* indicam que o risco de depressão em pessoas extremamente preocupadas com a violência urbana chega a dobrar. A amostra selecionou 6.500 indivíduos no Reino Unido, na faixa de 30 a 60 anos de idade, e mostrou uma relação direta entre medo da violência, sintomas de depressão e ansiedade e piora na qualidade de vida. Isso, portanto, passa a ser uma questão de saúde pública, em cidades como São Paulo, Rio de Janeiro e Salvador, por exemplo.

Outro fator importante é a qualidade do sono, um problema que afeta uma grande parte da população brasileira. Por exemplo, uma pesquisa realizada pela Sociedade Brasileira do Sono, em 2011, mostrou que 43% dos brasileiros não têm um sono restaurador e apresentam sinais de cansaço no decorrer do dia. Os distúrbios do sono podem causar desde problemas à saúde, aos relacionamentos e à vida profissional, até acidentes graves, além de intensificar os processos de ansiedade e depressão.

Segundo Jânio Savoldi, especialista em sono da Sociedade Brasileira do Sono,

> a qualidade do sono é tão importante quanto a qualidade da alimentação. Quando o sono é restaurador, acordamos com vitalidade, energia e motivação. Quando não dormirmos o necessário ao longo de vários dias, despertamos cansados em demasia, irritados e com a capacidade produtiva reduzida,

afirmou Savoldi em entrevista por ocasião da publicação da pesquisa.

O assunto está ficando tão sério que o Laboratório de Medicina do Sono, do Hospital Universitário de Brasília, foi o primeiro no país a oferecer atendimento pelo Sistema Único de Saúde (SUS), e, na sequência, outras duas capitais passaram a adotar o serviço: Porto Alegre e São Paulo.

Vamos então verificar alguns dados. Segundo o Departamento de Psiquiatria da Universidade de Washington, em Saint Louis:

- estima-se que 17,5 milhões de norte-americanos sofrem de alguma forma de depressão e que 9,2 milhões sofrem de um grau maior ou clínico de depressão;
- dois terços das pessoas que sofrem de depressão não buscam o tratamento necessário;
- 80% das pessoas com depressões clínicas que receberam tratamento tiveram uma significativa melhora em sua vida;
- o custo econômico da depressão é estimado em US$ 30,4 bilhões por ano, nos Estados Unidos. No entanto, o sofrimento pelo qual essas pessoas passam não pode ser quantificado;
- as mulheres sofrem de depressão cerca de duas vezes mais do que os homens;
- estimativas da Organização Mundial da Saúde projetam que, para o ano 2020, a depressão será a causa número dois dos "anos perdidos de vida saudável" em todo o globo;
- a depressão ataca cera de 1,5 a 3 vezes mais as pessoas com familiares deprimidos do que a população em geral.

Outros dados importantes, segundo estudos do dr. Hamish McAllister-Williams, Ph.D., consultor honorário do Departamento de Psiquiatria da Universidade de Newcastle, no Reino Unido:

- entre 5% e 10% da população sofre de algum tipo de depressão;
- durante nossa vida, temos 20% de chances de termos episódios de depressão;
- ter depressão não é sinal de fraqueza;
- não há particularmente "tipos de personalidade" com maiores riscos de ter depressão do que outros;
- não há um entendimento completo sobre as causas da depressão;
- os genes podem tornar algumas pessoas mais vulneráveis à depressão do que outras;
- eventos estressantes na vida, como a perda do emprego ou a ruptura de um relacionamento, podem estimular o aparecimento de episódios depressivos;
- é muito claro que ocorrem mudanças na maneira como o cérebro funciona quando uma pessoa está deprimida;
- os modernos sistemas de escaneamento cerebral podem mostrar como o cérebro está funcionando e mostrar como algumas áreas, como o córtex frontal, não estão trabalhando de maneira "normal" durante um episódio depressivo;
- pacientes com depressão apresentam altos índices dos chamados hormônios do estresse;
- antidepressivos podem ajudar a equilibrar e reverter o quadro depressivo.

Entretanto, temos de tomar cuidado para não cair no que chamo de "ditadura da felicidade", que impõe culturalmente a necessidade de "estarmos" felizes 24 horas por dia, 7 dias por semana e 365 dias por ano. Temos, sim, o direito e a necessidade de sentir tristeza, quando proporcional ao evento, e de nos permitir um processo de reflexão para podermos retornar a nosso caminho. É claro que não somos seres completos e perfeitos, e estamos aqui para um processo constante de aprendizado e desenvolvimento seja material, social, mental, psicológico, espiritual.

Temos, sim, que ficar tristes com a perda de pessoas queridas, ou por situações desfavoráveis. Temos que dar espaço ao luto para poder superar as perdas.

No entanto, não devemos confundir baixo-astral ou luto com depressão. Devemos seguir alerta atentos aos sintomas e abertos para buscar a ajuda de um especialista. Existem alguns sintomas que podem surgir e que merecem ser investigados. Por isso, é muito importante ter seu médico de confiança, seu clínico geral e trocar ideias com ele para eventualmente buscar a ajuda de um especialista.

DICAS DE ALGUNS SINTOMAS QUE PODEM INDICAR UM ESTADO DE DEPRESSÃO

- Incapacidade de sentir prazer em atividades que normalmente você considerava prazerosas.
- Perda de interesse em atividades normais e hobbies.
- Distanciamento de amigos e familiares com quem convivia normalmente.
- Sentimento de perda de energia, sem uma razão específica.
- Dificuldade para adormecer, sono com muitas interrupções ou perda do sono muito antes da hora de ter de acordar para seus compromissos diários.
- Perda ou aumento excessivo do apetite.
- Perda do interesse por sexo.
- Falta de concentração.
- Irritabilidade ou "pavio curto".
- Perda da autoconfiança.
- Dificuldade constante de encontrar saídas para seus problemas.
- Perda de esperança no futuro.

Caso você perceba a presença de vários desses sintomas simultaneamente, procure seu clínico ou um especialista.

Hoje em dia, levamos uma vida extremamente estressante e nosso corpo e nosso cérebro não se adaptaram ainda às agressões que estamos nos proporcionando física e mentalmente, com o consequente desequilíbrio de nosso "relógio interno" e o desrespeito a nosso ciclo circadiano. Veja mais alguns pontos de interesse:

- depressão é algo que pode acontecer com qualquer um de nós, tendo em vista nosso estilo de vida e o contexto em que vivemos. Não pense que só acontece com os outros;
- apresentar sintomas de depressão não quer dizer que você é menos; apenas que está passando por um problema que pode ser solucionado;
- depressão é algo que se pode resolver facilmente a partir do momento que você tem o diagnóstico certo e conta com a ajuda de um profissional habilitado;
- os remédios disponíveis no mercado hoje em dia são eficazes e muitos deles não causam dependência;
- há uma corrente cada vez maior que acredita que a combinação de remédios com terapias adequadas é a melhor maneira de tratar os processos depressivos;
- partindo do princípio de que você é uma líder, recomendo fortemente observar os membros de sua equipe. Procure perceber se alguém não poderia estar passando por um episódio depressivo. Se houver indícios, procure conversar com a pessoa, fale com a área de Recursos Humanos e recomende a ajuda de um profissional;
- processos psicoterapêuticos ajudam o indivíduo a se conhecer melhor e a lidar mais facilmente com seus dilemas e frustrações, bem como a reconhecer seus atributos e potencialidades;

- o riso é uma grande ajuda não só nos processos depressivos, mas também para levantar nosso "astral". E, além do mais, como diz um cartaz da agência de propaganda Ogilvy: "Sorrir é contagioso".

Ter senso de humor não é somente contar piadas, o que pode nos criar uma imagem até de inconveniente, mas é levar a vida de maneira mais leve.

Muitas vezes as pessoas ficam temerosas, tensas e com mau humor por mera "pré-ocupação". Uma recomendação que faço a meus clientes, quando aparecem com um grande problema, é que se façam a seguinte pergunta: "O que de pior pode acontecer se esse fato vier a ser verdade?"

Chamo isso de gatilho contra o medo. Quando temos um problema, em geral ficamos com medo e inseguros quanto às consequências. Porém, geralmente não fazemos uma avaliação objetiva e nos deixamos ser arrastados por emoções desencadeadas pelo sistema límbico, sentindo insegurança e medo. Podemos inclusive nos tornar agressivos e nos entregar ao sentimento de raiva. Perdemos nossa capacidade de avaliação e nossa criatividade para encontrar respostas. Esse processo diminui o nível de serotonina e limita as conexões neurais. Aí se dá o que Daniel Goleman chamou de "sequestro neural". Quando, porém, aplicamos o que chamo de gatilho contra o medo, os problemas ficam menores e se relativizam, com a consequente diminuição do medo e da insegurança.

Gosto de repetir a história de um amigo que contava sobre um médium que psicografava alguns ensinamentos de um poderoso executivo que tinha partido desta vida para a outra. Numa ocasião, o executivo mandou a seguinte mensagem para nós, aqui da Terra, consistindo no seguinte:

O RISO E O CONDICIONAMENTO FÍSICO: DOIS REMÉDIOS PARA A DEPRESSÃO, A ANSIEDADE E O MAU HUMOR

> Agora que estou em outro plano pude fazer uma verificação do que passei, enquanto fui um bem-sucedido homem de negócios aí na Terra. Concluí que tive muitos momentos de alegria e realização. No entanto, hoje percebo que o que mais me marcou foram os momentos de estresse e aborrecimento. Anote aí – disse aquela alma ao médium que psicografava –, me aborreci muitas vezes, e digo com mais precisão agora, me aborreci cerca de 400 vezes com meus filhos por não cumprirem com suas obrigações diárias. Tive cerca de 1.500 aborrecimentos com minha mulher, em discussões infindáveis. Me estressei muito, cerca de 1.800 vezes, com subordinados e colegas de trabalho, sem contar as mais de 350 confusões com meus chefes. Porém o que mais me chateou foram as 25 mil vezes em que fiquei preocupado, chateado e estressado com fatos que jamais sucederam na minha vida.

Falando de humor, gostaria de contar algo que apesar de famoso, você, leitora, pode não saber. Quero falar sobre o mercado de peixe, o Pike Place, localizado em Seattle, nos Estados Unidos. Lá tem uma banca de peixes que ficou mundialmente famosa e faz enorme sucesso, graças a sua atmosfera divertida, agitada e alegre e a maneira peculiar de atender o consumidor. Eles acabaram produzindo um livro, que já existe no Brasil, intitulado *Peixe! Como motivar e gerar resultados*. Existe inclusive um vídeo de treinamento que você pode alugar nas empresas especializadas. O livro trata do humor com lições engenhosamente simples, aprendidas com os próprios peixeiros de Pike Place, para injetar ânimo em seus subordinados diretos. Esse modo de atuação gera uma impressionante transformação no ambiente de trabalho. Para mim, que assisti ao vídeo no qual entrevistam um dos funcionários que acorda às 3h30 da manhã, e no qual ele faz uma análise do ambiente inóspito de seu trabalho – imaginem o frio, o cheiro e o horário de trabalho –, a mensagem é: "Muito bem, eu tenho uma escolha a fazer sobre o meu dia: ou ele será ruim ou posso fazer algo divertido". E, sem rodeios, a maior marca que observamos é o bom humor, que não é só de fachada! Qualquer um, a qualquer hora do dia que for ao Pike Place, vai se surpreender com o humor, a alegria e o faturamento de uma peixaria que exporta para quase todo o planeta!

Neste momento gostaria de salientar a diferença entre ter bom humor e rir: rir é uma resposta psicológica ao humor, enquanto o humor em si é um estado de espírito ou de ânimo. No caso, bom humor é a qualidade positiva desse estado de espírito.

Segundo Steve Wilson, mestre em psicologia pela Temple University, o senso de humor é a habilidade de ver algo "não sério" em algum elemento de uma situação. Rir, no entanto, é uma atividade física e quase sempre uma resposta de nosso senso de humor.

"Nós não sabemos ainda muito sobre a fisiologia do riso e muitos de seus maravilhosos benefícios para a saúde, mas eles são muito parecidos com os benefícios que se obtêm com o exercício físico", afirma Steve.

Segundo o The laughter clinic project [Projeto clínica do riso], da Inglaterra, que treinou mais de cinco mil médicos, psicólogos e enfermeiros, algumas pesquisas médicas mediram extensamente os movimentos que fazemos para sorrir ou rir, os quais não ficam restritos aos músculos do rosto, mas envolvem todo o corpo. Foi constatado que podemos chegar a respostas englobando uma infinidade de músculos durante uma sessão de risadas. Dizem que se uma pessoa risse por uma hora, poderia queimar perto de 500 calorias!

As pesquisas médicas também constatam que, ao rir, liberamos agentes químicos em todo o corpo, incluindo as endorfinas, o mesmo processo que acontece quando praticamos exercícios físicos. A endorfina é um hormônio natural no processo de relaxamento e de diminuição da dor, além de estimular nossa sensação de prazer. Em pesquisas experimentais, o dr. Lee Berk, da Faculdade de Medicina da Universidade de Loma Linda, na Califórnia, mostrou que rir e o sentimento da alegria induzem o sistema imunológico a criar células T, comumente chamadas de "células da alegria", contribuindo para a prevenção de infecções pelo fortalecimento de nosso sistema imunológico. É importante destacar como esses fatores são importantes para as mulheres, principalmente para aquelas que estão passando pelo processo da menopausa (que vamos abordar mais a fundo no capítulo que trata desse tema).

William Fry, professor emérito da área de psiquiatria da Universidade de Stanford, constatou em sua pesquisa que uma criança de jardim da infância ri cerca de 300 vezes por dia, contra as 17 vezes em média de um adulto. Perceba agora quantas vezes você já riu hoje.

Um fato que as pesquisas mais recentes apontam é que o efeito do humor tem resultados diferentes em diferentes indivíduos. No entanto, como quase tudo em nossa vida, isso não acontece apenas no caso do humor. Remédios, drogas mais pesadas, processos terapêuticos, processos de aprendizado; enfim, tudo depende de nossas experiências internas. Creio que deveríamos ter, em nosso dia, um momento especial para rir, e inclusive para desenvolver a capacidade de rir de nós mesmos. É sábio termos a capacidade de rir de nós mesmos. Assim fica mais fácil superar nossos obstáculos.

Mas, afinal, o que rir tem a ver com depressão? A resposta é: qualquer ação terapêutica que você escolha para tratar de episódios depressivos será muito mais eficaz se você praticar o riso em seu dia a dia. Isso porque, na medida em que há maior produção de serotonina, entre outras substâncias de efeito tranquilizante, o processo de recuperação de seu bem-estar será muito mais rápido.

E os exercícios físicos, como contribuem para diminuir os estados de depressão?

Estudos não param de ser realizados no intuito de entendermos de que maneira os exercícios físicos podem contribuir para aliviar estados depressivos. Centenas de pesquisas ao redor do mundo foram realizadas para se obter essa resposta, focando os efeitos da atividade física nos neurotransmissores.

Para termos uma compreensão melhor de por que o exercício físico ameniza o processo depressivo, precisamos levar em conta o papel das endorfinas em nosso cérebro. Elas são neurotransmissores cuja principal função é aliviar naturalmente a dor. Além disso, em nosso organismo, as endorfinas estão relacionadas ao sentimento de euforia e de prazer, atuando também nos reguladores fisiológicos da fome e dos hormônios sexuais.

Uma das endorfinas relacionadas à atividade física é a serotonina. Pesquisas recentes divulgaram que não é a ausência de serotonina o único grande responsável pelos processos de depressão. No entanto, isso é apenas o começo dos estudos e, de qualquer forma, a serotonina continua sendo um dos principais fatores relacionados à regulação da depressão.

Segundo a dra. Diane Tice, psicóloga e pesquisadora da Universidade da Flórida, praticar exercícios aeróbicos é uma tática para interromper depressões leves, na medida em que muda a fisiologia que o estado de espírito desencadeia, alterando o funcionamento do cérebro, que se torna incompatível com o estado depressivo.

Quando praticamos uma atividade física, ocorre um aumento na produção da serotonina, que tem a função básica de regular nossas emoções. É por isso que, quando nos exercitamos, temos uma melhora significativa em nosso estado de humor. Inclusive estudos comprovam que a manutenção de exercícios físicos por períodos prolongados pode levar a estados de euforia, o que pode até ser perigoso do ponto de vista cardiovascular.

Assim, recomendo fortemente que os adeptos da corrida como prática física e de outras atividades aeróbicas como bicicleta e spinning tenham sempre uma orientação médica, usem um detector de batimentos cardíacos e corram sob a estrita orientação de um personal trainner. O estado de euforia é algo que pode fazer você perder o controle e querer ir além de sua capacidade física.

Nesse aspecto, sinto-me na obrigação de alertar você, leitora, para um fato que citei no livro *Executivo, o super-homem solitário*. Há aproximadamente cinco anos convivi com um senhor aposentado que chegou a ser matéria no jornal *O Estado de S. Paulo* como exemplo a ser seguido. Era comum eu encontrá-lo às 7h30 da manhã, quando ele me dizia:

– Pois é, Emerson, estou voltando de Santos a pé!

Com certeza, isso era um grande incentivo, principalmente vindo de um homem que até seus 50 e tantos anos tinha sido absolutamente sedentário e que, quando o conheci, participava até de provas de triatlo, em competições no Brasil e na Europa.

Um belo dia, um motorista de táxi que trabalhava no ponto em frente a minha casa disse que meu amigo tinha morrido no dia anterior. Naquela época eu fazia academia na mesma quadra onde eu morava e aquele senhor também. Fui checar a informação na academia e me disseram que ele tinha falecido dentro da própria academia, praticando corrida na esteira. O curioso era que ele se gabava de contar com a orientação e o acompanhamento de mais de 12 médicos de um renomado instituto de medicina paulistano. No entanto, a responsabilidade de ter a real percepção de nossos limites corporais e deixar a competição maluca de lado é nossa.

Ao longo dos anos em que pratiquei ioga com o falecido e querido professor Shimada, aprendi que mais importante do que a consciência estética é ter consciência corporal. É importante sentir seu corpo e suas limitações e respeitá-las para ir gradativamente superando-as. No entanto, sei quanto muitas vezes isso é difícil para nossas heroínas solitárias, que, em geral, vivem em um ambiente altamente competitivo!

Vale lembrar que nos ambiente de uma academia você se depara com muitas atletas profissionais ou com amadores muito bem preparados, em geral pessoas que praticam atividade física desde a infância, com muita técnica, além de experiência e o aparato corporal condicionado. Por trás dessas pessoas existe um histórico de longa data, com treinos, disciplina, orientação e dedicação de tempo, sem contar aspectos genéticos que contribuem para uma performance de ponta. Portanto, é quase inútil querer ter o mesmo rendimento e o corpo "sarado" que algumas vezes você encontra nesses ambientes.

Nas pesquisas desenvolvidas sobre o tema, também encontramos uma relação direta entre as atividades aeróbicas e a produção de feniletilamina, uma substância química natural de nosso corpo, relacionada com energia, capacidade de atenção e humor. Esses estudos mostraram que o déficit desse componente leva a estados depressivos e que atividades físicas em esteira, por 30 minutos, podem elevar em até 77% a presença dessa substância na circulação sanguínea, permitindo-nos concluir que isso também pode ajudar no tratamento de estados depressivos.

Entre os efeitos psicológicos mais notáveis que acompanham a prática de exercícios está a sensação de maior bem-estar e elevada autoestima. Isso é muito importante, principalmente para os mais vaidosos, além de trazer uma sensação agradável quando percebemos que, durante a prática de uma atividade regular, estamos cuidando de nós mesmos e tendo tempo para isso. Isso nos ajuda psicologicamente e também colabora significativamente no tratamento da depressão, da ansiedade e do mau humor.

Outra questão é saber quais exercícios contribuem para a perda de peso e para uma silhueta mais definida na mulher, que, inevitavelmente, com os anos, ganha peso, seja diretamente pela alimentação, seja pelas alterações hormonais da menopausa, que também diminui a produção de serotonina.

Vale a pena chamar atenção também para outro ganho com a prática de exercícios físicos: a contribuição para uma qualidade do sono melhor, o que novamente favorece a recuperação dos estados depressivos e, acrescento, ajuda a melhorar a qualidade de vida para combater os danos do estresse e da fibromialgia.

Quando falo aqui sobre exercícios físicos é para que você reflita sobre quanto isso pode ajudá-la a ter uma vida mais saudável, aumentar sua qualidade de vida, sua longevidade, criatividade e produtividade.

A ideia não é que você, de sedentária, se transforme numa atleta de alta performance, participando de maratonas mundo afora. Proponho a atividade física não como um esporte competitivo e de alto impacto. Caminhadas, exercícios de pilates, prática de ioga, tai-chi, natação, hidroginástica, aiquidô ou outras atividades de baixo impacto, desde que feitas com regularidade, ajudarão a manter a saúde e poderão contribuir decisivamente como terapêutica auxiliar nos casos de depressão, ansiedade, mau humor e no combate ao estresse. Pessoas deprimidas em geral mostram interesse por novas atividades, e, por isso mesmo, uma nova atividade física pode gerar maior capacidade de foco e mais energia, ajudando a aliviar os estados depressivos.

Estudos de Daniel Goleman mostraram que as mulheres costumam ter uma capacidade 50% inferior à dos homens para produzir serotonina, durante um período de 24 horas.

Portanto, são mais vulneráveis do que os homens a estados depressivos, de ansiedade e de mau humor, o que faz da atividade física algo extremamente importante na manutenção da saúde física e mental da mulher. Gostaria de acrescentar aqui que a musculação pode ser importante para a mulher, que, por natureza, se preocupa mais com o corpo do ponto de vista estético do que os homens.

Segundo um trabalho de pesquisa publicado na revista digital *Efedeportes.com*, com a participação dos professores de Educação Física da UNISA de São Paulo Fabio Henrique Nakada Coelho, Bruno Vitorio de Almeida Natalli e Solange de Oliveira Freitas Borragine, podemos dizer que "musculação" é o termo mais usado para designar o treinamento com pesos; sendo assim, a musculação não pode ser caracterizada como modalidade esportiva, mas sim como uma forma de treinamento.

De acordo com alguns autores, a musculação é algo tão antigo quanto os relatos de civilização humana. Há muitos séculos que o homem já faz exercícios com pesos progressivos como forma de fortalecer os músculos e adquirir maior força, como forma de sobrevivência, pois o sucesso na caça e na defesa das terras não era obtido pelos mais fracos.

Estudos relatam os métodos de treinamento utilizados por Milos de Crotona já na época entre 600 e 580 a.C. Milos era um atleta olímpico de lutas e utilizava o mesmo método dos dias de hoje, o de evolução progressiva da carga: ele carregava um bezerro nas costas para aumentar os níveis de força de seus membros inferiores, e sua força aumentava na mesma proporção do aumento de peso do bezerro.

A musculação é uma atividade que consiste em trabalhar a musculatura corporal, realizando exercícios contra uma resistência que pode ser empregada das mais variadas formas, como uma carga num halter, em uma barra longa ou em um aparelho com baterias de placas, ou com tensores elásticos, aparelhos de ar-comprimido, ou simplesmente contra a força da gravidade. Pesquisas mostram que entre os benefícios que a musculação pode trazer para as pessoas estão:

- o controle dos níveis de glicose;
- maior capacidade aeróbica;
- melhoria da flexibilidade e do equilíbrio;
- benefícios psicológicos proporcionando relaxamento;
- redução na ansiedade;
- diminuição do risco de depressão;
- maior segurança;
- melhor postura;
- maior capacidade de locomoção e mobilidade;
- maior nível de atividade.

O que podemos concluir é que, para diminuir a ansiedade e sair da depressão, além das drogas, temos estes dois maravilhosos instrumentos que formam uma combinação perfeita: o riso e a atividade física.

Fica aqui a dica deste capítulo, em que abordo caminhos alternativos, bem como uma ação complementar para as terapêuticas tradicionais. Minha sugestão é que você busque informar-se com seu médico de confiança e com um professor de Educação Física. Ao mesmo tempo, um cuidado especial deve ser tomado com os personal trainers, que muitas vezes se entusiasmam com a carga de peso, o que pode gerar lesões irreparáveis. Lembre-se: é você que conhece seus limites e não quem está apenas "olhando" seu corpo do lado de fora. Respeite os limites de seu organismo.

ALGUMAS QUESTÕES PARA VOCÊ QUE AINDA NÃO PRATICA ATIVIDADE FÍSICA REGULARMENTE REFLETIR

- Porque você não fez atividade física até hoje?
- O que você ganharia se praticasse? Faça uma lista de 15 ganhos. Se não conseguir, peça ajuda;
- O que você perderia se praticasse?
- Faça um comparativo entre perdas e ganhos.

* * *

DICAS

- Estabeleça um plano com seu médico.
- Estabeleça algumas metas de curto e longo prazo.
- Não force demais nos objetivos.
- Procure um personal trainer se não consegue ir sozinho;
- Divulgue seus objetivos e metas para seus familiares e amigos íntimos.
- Faça uma avaliação física a cada três meses para mensurar os resultados.
- Se um dia der preguiça, siga adiante no dia imediatamente posterior.
- Jogue a culpa fora.
- Faça exame clínico para comparar depois de seis meses;
- Cuidado com o personal que força a barra. Lembre-se: quem sabe de seus limites é você.
- Faça um plano variado de atividade física, tendo em sua maioria os que lhe dão mais prazer.
- Procure fazer algo com alguém ou com um grupo.
- Leia literatura que estimule a pratica de esporte.
- Veja filmes e vídeos sobre os temas.

- Assine uma revista sobre algo que lhe interessa.
- Peça ajuda de seu companheiro para incentivá-la.
- Respeite seus limites sempre. Paulatinamente você irá superá-los.
- A cada dia surgem modalidades de esportes novos. Procure inteirar-se.
- Procure praticar atividades junto à natureza.
- Frequente grupos que praticam algum tipo de atividade física. Isso vai estimulá-la.

CAPÍTULO 12

A MULHER E A MANEIRA DE ADMINISTRAR O ESTRESSE

Não é o estresse que nos mata, mas nossa maneira de reagir a ele.

Hans Selye
Endocrinologista húngaro pioneiro nos estudos sobre estresse (1907-1982)

Estresse é algo que termina quando você toma uma decisão.

Dr. Carlos Serrano – Cardiologista

Um dos maiores fatores de estresse é a administração do tempo, e a mulher tem de criar maneiras próprias para poder lidar com o tempo, tendo em vista seus múltiplos papéis. Além de uma fisiologia própria, a maneira como as mulheres vêm o mundo e reagem aos fatores de estresse é completamente diferente da masculina.

Um estudo publicado na edição de julho de 2000 do jornal *Psychological review* relatou que as mulheres eram mais propensas a lidar com o estresse "cuidando das amizades", ou seja, preservando os relacionamentos e as amizades de seu entorno. Esse "cuidado" envolve atividades destinadas a proteger a si e aos descendentes, promovendo uma sensação de segurança e, assim, reduzindo o estresse. "Amizade aqui é a criação e a manutenção de redes sociais que podem ajudar nesse processo", escrevem os pesquisadores, incluindo a dra. Shelly E. Taylor, notável professora do departamento de psicologia da Universidade da Califórnia (Ucla).

Por que as mulheres tendem à amizade em vez de à luta ou fuga? A razão, em grande parte, é a combinação da oxitocina, como mencionamos anteriormente, com os hormônios reprodutivos femininos, fato esse comprovado no estudo mencionado acima. Nós, homens, por outro lado, com quantidades menores de oxitocina, tendemos a sair para a luta e experimentar a verdadeira resposta do fugir ou lutar.

Diz o dr. Carl Pickhardt, psicólogo, porta-voz da American Psychological Association e autor de *The everything parent's guide to positive discipline*,

> o que mais observo sobre as diferenças entre homens e mulheres está relacionado com a maneira como reagem ao estresse e como trabalham a autoestima. Os homens em geral tendem a adequar o seu desempenho, enquanto as mulheres buscam o fortalecimento e a construção de relações. As mulheres muitas vezes correm um grande risco ao deixar suas necessidades em segundo plano e permitir que prevaleça a necessidade dos outros, determinando assim seus limites de atuação. Esse autossacrifício nos relacionamentos gera um grande estresse.

Os homens, no entanto, deixam em geral que o desafio e a competição marquem o ritmo de sua vida. "Alcançar um alto desempenho e vencer a todo custo é quando os homens entram em estresse", complementa o dr. Pickhardt.

E qual é o maior fator de estresse para as mulheres e para os homens? Segundo os estudos, é o fim de um relacionamento para as mulheres e a insuficiência de desempenho para os homens. Na própria Escala de medida de ajustamento social, que mede acontecimentos estressantes numa escala de zero a cem, o "divórcio" aparece em segundo lugar com 73 pontos, logo após o item "morte do cônjuge", com cem pontos. Apesar de algumas críticas à escala, nenhuma outra, pelo menos até agora, foi mais bem elaborada.

A minha pergunta para você, leitora, é: como você se sente sobre a maneira como vem lidando com o estresse?

Segundo estudos de neurocientistas, a incorporação dos aspectos neurológicos se inicia durante a gravidez. O estresse da mãe durante a gravidez tem um efeito emocional direto sobre a criança em desenvolvimento, e as reações hormonais do estresse impactam a criança, particularmente as meninas. Segundo a dra. Louann Brizendine (2007), "as meninas em geral são menos calmas e mais ansiosas do que os meninos logo após o nascimento e mostram um grau de estresse maior do que os meninos quando sofreram efeitos do estresse durante a gestação".

Por outro lado, a prevalência do estrógeno e não da testosterona, mais predominante no homem, cria nas garotas uma tendência de preservar a harmonia das relações. Desde pequenas, as meninas vivem um clima menos conflituoso e mais pacífico em suas conexões interpessoais. As meninas preferem evitar conflitos, e, na adolescência, o estrógeno reforça o impulso de criar relacionamentos sociais baseados na comunicação e no compromisso. Enquanto isso, os meninos geralmente já começam a utilizar vozes de comando, o que acentua a competição.

Segundo a American Psychological Association, homens e mulheres reagem de maneira diferente, física e mentalmente, assim como têm a tendência de administrar de maneira diferente seu nível de estresse. Uma série de estudos demonstra que a mulher tem um número de sintomas de estresse mais evidente do que os homens. Por outro lado, novas pesquisas sugerem que o mecanismo do estresse que conhecemos como reação de fuga ou luta, nas mulheres, vem com um mecanismo de resposta adicional.

A dra. Laura Cousin Klein, especialista em saúde comportamental, e sua colega pesquisadora, Shelley Taylor, descobriram uma resposta diferente ao estresse nas mulheres. Quando as mulheres experimentam o estresse, a oxitocina é liberada e isola a resposta de fuga ou luta. Na verdade, a liberação da oxitocina faz com que as mulheres fiquem mais propensas a "reunir as crianças e a se reunir com outras mulheres". Essa resposta é chamada de "befriend".

Isso faz sentido para quem leu *Homens são de Marte, mulheres são de Vênus*, do dr. John Gray, onde ele comenta o fato de que a mulher tem este aspecto socializante: reunir as crianças, dividir seus problemas, encontrar-se com outras mulheres e conversar. As mulheres geralmente buscam apoio para falar de experiências emocionais, para processar o que está acontecendo e para lidar com uma situação, ao passo que os homens tendem a ficar sós em "sua caverna" ou procuram uma "atividade" para se aliviar do estresse e relaxar. É importante notar que o cérebro da mulher pode produzir mais serotonina apenas pelo fato de falar sobre o que a incomoda, e isso se acentua quando pode sentir que está sendo ouvida.

Uma vez que os homens compreendam que ouvir suas mulheres significa ajudá-las a produzir mais serotonina e se sentir melhor, eles poderão perceber uma nova maneira para melhorar seu relacionamento com as mulheres!

Outro aspecto interessante de uma publicação da American Psychological Association é a diferença na maneira de lidar com o estresse entre mulheres casadas, solteiras e homens:

- as mulheres são mais propensas que os homens – 28% contra 20% – a relatar um nível elevado de estresse (8, 9 ou 10 em uma escala de 10 pontos);
- quase metade das mulheres (49%) entrevistadas disse que o estresse aumentou nos últimos cinco anos, em comparação com os homens (39%);

- o dinheiro e a economia são respectivamente citados por 79% e 68% das mulheres, em comparação com 73% e 68% dos homens;
- para 76% dos homens, o trabalho é a grande fonte de estresse, em comparação com 65% das mulheres;
- as mulheres são mais propensas do que os homens a relatar sintomas físicos e emocionais do estresse, como dores de cabeça (41% contra 30%), ou a sensação de que poderiam chorar (44% contra 15% dos homens), ou dores de estômago ou indigestão (32% contra 21%);
- as mulheres casadas relatam níveis mais elevados de estresse do que as mulheres solteiras, com um terço delas (33%) relatando que tiveram uma grande dose de estresse no mês anterior à pesquisa (8, 9 ou 10 em uma escala de 10 pontos), em comparação com um quinto (22%) das mulheres solteiras;
- da mesma forma, significativamente mais mulheres casadas relatam que o estresse aumentou nos últimos cinco anos (56% contra 41% das mulheres solteiras);
- mulheres solteiras também são propensas a dizer que se sentem estressadas e que estão fazendo o suficiente para administrar seu estresse (63% contra 51% das casadas);
- as mulheres casadas são mais propensas do que as solteiras a relatar que poderiam chorar (54% contra 33%), ficar irritadas ou com raiva (52% contra 38%), ter dores de cabeça (48% contra 33%) e experimentar a fadiga (47% contra 35%);
- os homens são mais propensos do que as mulheres a dizer que praticam esportes (16% contra 4%) e ouvem música (52% contra 47%) como forma de lidar com o estresse. Eles também são mais propensos do que as mulheres a dizer que não fazem nada para lidar com o estresse (9% contra 4%);

- as mulheres são mais propensas do que os homens a informar que comem de maneira mais saudável como forma de gerenciar o estresse (31% contra 21%);
- as mulheres relatam ter comido demais ou comido alimentos não saudáveis por causa de estresse com muito mais frequência do que os homens (49% das mulheres contra 30% dos homens).

Pois bem, com todos esses dados podemos concluir que as mulheres gerenciam seu estresse de forma diferente dos homens, além de haver diferenças significativas entre solteiras e casadas. E você, como se sente em relação a seu estresse?

Neste ponto, gostaria de comentar a respeito das últimas pesquisas sobre o coração da mulher, uma vez que até pouco tempo atrás parecia que doenças do coração eram um problema reservado ao mundo masculino.

Uma matéria publicada na revista *Veja* do mês de maio de 2011, edição 2.215, chamou a atenção de muitas mulheres para o cuidado com seu coração, que é diferente do coração do homem, tanto por diferenças anatômicas como funcionais. Podemos mencionar que o coração da mulher bate cerca de 10% mais rápido que o do homem.

Segundo a matéria, analisando números e pesquisas de cientistas e pesquisadores brasileiros, na década de 1950, para cada mulher que morria por problemas cardíacos, havia 10 homens morrendo pelo mesmo motivo. Após 60 anos, ou seja, nos dias de hoje, a proporção mudou para uma mulher para cada dois homens que morrem por problemas cardíacos.

Em 1959, um trabalho científico publicado em importante publicação médica americana afirmava que as doenças cardíacas eram tipicamente masculinas. Já na edição de fevereiro de 2011, uma importante publicação médica afirmava que a mulher está mais suscetível às doenças cardíacas do que os homens, além dos fatores de risco para elas serem maiores que entre os homens.

Uma das preocupações é a questão da sintomatologia, pois, segundo recente pesquisa entre os homens, em 90% dos casos de infarto seus sintomas são mais claros e intensos, enquanto em 70% dos casos de mulheres os sintomas são de média ou baixa intensidade, podendo ser confundidos com outras doenças. Isso sem dúvida reflete, além da alimentação, o estilo de vida mais estressante da mulher contemporânea. E conheço muitas mulheres que negligenciam o acompanhamento por um cardiologista, muitas assíduas frequentadoras de academia, sem nenhuma orientação médica, o que faz com que corram sérios riscos.

Considerando essas diferenças, podemos dizer que o coração da mulher requer alguns cuidados especiais, como cita a matéria. Check-ups periódicos, relaxamento, alimentação não gordurosa, uma boa noite de sono e atividade física regular são fundamentais. Além de ajudar o coração, essas medidas ajudarão a estar de bem com a vida, ampliarão a autoestima, a criatividade e a disposição para enfrentar os desafios da vida.

Para muitas leitoras talvez não haja por aqui nada de novo. No entanto, proponho que você passe da fase de estar bem informada para a fase da mudança e comece a agir agora! Para tanto, a grande dica é: faça uma lista dos hábitos que você quer mudar, estipule um prazo para começar as mudanças, escreva como mudar e – o principal – avalie o que você ganharia com as mudanças.

Depois disso, comente com suas amigas quais são seus objetivos e procure maneiras de se comprometer consigo mesma. Esses são os primeiros passos para passar da informação para a ação. Afinal, certamente você pode e merece mudar para melhor.

CAPÍTULO 13

ADMINISTRAR O TEMPO E A VIDA EM FUNÇÃO DE SEUS VALORES

Todas as minhas posses por uma porção de tempo.
Rainha Elizabeth do Reino Unido

Eficiência é fazer um bom trabalho, eficácia é entregá-lo no tempo certo.
Peter Drucker

Em janeiro de 2012, ministrei um novo workshop, chamado Equilibrium©, que consistiu em três noites com uma carga horária aproximada de oito horas. A decisão de fazer esse workshop veio do fato de ter percebido uma constância de reclamações entre meus clientes de coaching quanto à necessidade de mais equilíbrio entre sua vida pessoal e profissional.

Nas pesquisas prévias que realizei com os participantes, e depois, durante o desenvolvimento das dinâmicas naquelas noites, ficou claro que a questão crucial era a administração do tempo como fator de desequilíbrio. Ora, essa questão torna-se ainda mais complicada para a nossa heroína solitária, na medida em que ela tem mais papéis a desenvolver do que os homens, sendo que os dois têm o mesmo número de horas disponíveis.

Hoje mesmo, durante o café da manhã, fiz a minha mulher, Cristina, a seguinte observação:

– Você realmente é incrível! – exclamei.

Ela me perguntou:

– Por quê?
Eu então lhe disse:

> Hoje você começou o dia dando orientações a uma empregada recém-contratada, o que é desafiador; às 10 horas tem reunião com um fornecedor; às 14 horas tem uma entrevista com uma candidata na área de vendas; à tarde, antes do banco fechar, tem de tratar de um financiamento; antes das 18 horas tem de aprovar uma campanha de marketing; às 18 horas tem uma consulta médica; às 19 horas tem de pegar sua mãe para jantar, antes de levá-la para internação no Hospital do Coração para exames de rotina, e claro que você vai dormir no hospital – coisa que detesto, pelo número de interrupções que se tem à noite – para poder acompanhá-la!

Aí, ela me perguntou:
– Eu tenho alternativa?
Só fechei a conversa com:
– Não sei de onde sai tanta energia.

E quantas "Cristinas" existem por aí, inclusive você, que lê este livro agora?

A questão não se resume à quantidade de compromissos, mas na variedade e na complexidade logística, mental e emocional dos problemas. Entregar a casa para uma estranha enquanto você sai para trabalhar, resolver operações financeiras, desenvolver projetos que poderão dar certo ou não e dar conforto e estabilidade emocional para uma mãe hospitalizada não é fácil!

Por isso mesmo é que temos de fazer nossos stressbreaks ao longo do dia, da semana e dos meses para poder gerir essa vida tão complexa que criamos para nós mesmos. E, por outro lado, precisamos aprender a administrar o tempo que temos à disposição!

Devemos levar em consideração que "administrar o tempo" envolve, essencialmente, a habilidade de obter melhores resultados com foco nas atividades mais importantes em termos de realização no longo prazo e na prevenção de eventos que possam dificultar a consecução dos objetivos e das metas estabelecidas.

No caso de nossas heroínas, quero chamar a atenção para dois aspectos fundamentais na administração do tempo: o tempo e a energia dedicados à relação amorosa, seja com o marido, o namorado e suas variações, e aos filhos. Noto uma tendência natural em homens e mulheres de colocarem maridos e esposas, bem como filhos, num "pacote" chamado família. Por outro lado, tendo em vista minha própria experiência, somada à de inúmeros clientes com quem tenho trabalhado ao longo dos anos, colocar todos dentro do mesmo saco não é algo que pode dar certo ao longo do tempo.

A relação amorosa necessita ser cuidada com muito carinho e atenção, e isso requer tempo a sós para o romance, o namoro, a surpresa, a comemoração de datas especiais, viagens só do casal, mas a tendência é cair num círculo tedioso e associar momentos prazerosos a algo do passado.

Recordo-me de um cliente que, quando levantei essa questão, respondeu de pronto:

– É isso mesmo, depois dos filhos, adoro a família da minha mulher, e convivemos muito, com encontros de fins de semana, o famoso churrasco com a família, mas ela reclama que sente a minha falta, apesar de estar presente. Isso é algo que tenho de trabalhar urgentemente!

Conversar, olho no olho, dar atenção focada em momentos sem a interferência de mais ninguém é o antídoto contra a mesmice e uma grande ferramenta para tornar-se íntimo. Por outro lado, a relação com os filhos deve também ser focada e exclusiva. Momentos para ouvir, falar, colocá-los no colo e trocar carinhos é importante para a relação entre mãe e filhos e para o desenvolvimento da criança.

Em 1983, tive meu primeiro contato com um curso sobre administração do tempo e, a partir daí, desenvolvi cursos especificamente sobre esse tópico; nesse último, Equilibrium©, a grande questão desenvolvida foi aprender a lidar com o tempo.

A tecnologia nos ajuda por um lado, mas por outro está nos atrapalhando, e cabe-nos impor nossos limites. Quando vi a primeira propaganda de um laptop em uma revista americana, lá estava a imagem de um executivo com o seu laptop no meio de um campo maravilhoso. A imagem subliminar trazia a ideia de mobilidade e de "ganho" de tempo para poder desfrutar mais da vida. Realmente ganhamos tempo, mas sempre queremos fazer mais e também somos cobrados por isso. A convergência dos aparelhos móveis está criando um batalhão de psicóticos eletrônicos.

Segundo a psicanalista Joana de Vilhena Novaes, pesquisadora do Laboratório Interdisciplinar de Pesquisa e Intervenção Social da PUC-RJ, grande parte dos pacientes que a procuram sequer imagina que a causa de seus problemas possa estar ao alcance das mãos. Segundo ela, os celulares e outros gadgets criam dependência porque vão causando uma mudança nos hábitos que parece sutil, mas é drástica.

O paciente procura ajuda em função de sintomas percebidos nas mínimas coisas. Muitas vezes por dificuldades na interação com outras pessoas. A facilidade de acesso ao outro, gerada por tecnologias como celular, e-mail e redes sociais, acaba provocando uma irritabilidade enorme quando não se é atendido ou correspondido. E isso gera conflitos.

Na semana passada, administrando meu tempo, abri minha caixa de e-mails pela manhã e um cliente me perguntava se eu iria trabalhar na semana do Carnaval. Isso era um assunto de agenda para dali a dez dias. Dentro de minha rotina pensei comigo: "Vou responder logo depois do almoço". Qual não foi minha surpresa quando, durante o almoço, recebi um torpedo perguntando se eu tinha recebido o e-mail dele que tratava de um assunto de horário para dali a dez dias! Esse sentido de urgência e de pressa nas respostas, num clicar de mouse, está acelerando as pessoas e fazendo com que percam o senso de prioridade das coisas, além de criar um processo de dependência absurdo. Isso hoje está caminhando para o que chamam de "síndrome da pressa".

Um estudo recente na Universidade de Maryland, nos Estados Unidos, mostrou que os sintomas da abstinência que os jovens sentem quando são privados de seus aparelhos eletrônicos podem ser comparados aos das drogas. No estudo realizado com mais de mil estudantes de dez países distintos, na faixa dos 17 aos 23 anos, eles foram proibidos de usar celular, acessar a internet e ver televisão por um dia inteiro. O resultado foi que 4 em cada 5 tiveram desconforto físico e mental significativo com sensação de pânico, confusão e isolamento.

Desde 2008 começamos a ter contato com o que os psicólogos chamam de "nomofobia". Os sintomas: ansiedade por não ver seu celular por perto, coração disparado só de pensar que perdeu seu aparelho e geralmente carregar dois celulares para o caso de um falhar. Pesquisa recente, feita em 2012, pela empresa de segurança de senhas SecurEnvoy, identificou que 66% dos ingleses ativos profissionalmente hoje no Reino Unido sofrem desse mal.

A pesquisa foi realizada com um grupo de mil profissionais e revelou ainda que, dos entrevistados, 41% optam por carregar dois ou mais aparelhos, para o caso de um deles falhar. Metade dos que responderam à pesquisa, exatamente 49%, mostraram-se sensíveis à privacidade e declararam ficar irritados se um familiar ou parceiro olhar as mensagens e textos recebidos no aparelho. No entanto, 16% dos entrevistados declararam não usar nenhum tipo de senha ou proteção de dados no celular. Dos profissionais ouvidos, 41% disseram usar a senha de quatro dígitos e só 10% utilizavam algum tipo de criptografia no aparelho.

O estudo mostrou ainda que o medo de perder o celular é maior entre as mulheres – 70% das entrevistadas – do que entre os homens (61% dos entrevistados). Mas são os homens os mais propensos a portar dois aparelhos (47% dos homens contra 36% das mulheres).

Precisamos tomar consciência dessas tendências e alertar aqueles com os quais convivemos, obviamente sem sermos chatos!

Claro que a tecnologia é bem-vinda. Imagine o ganho de tempo que tenho ao escrever este livro em um computador. Se fosse há alguns anos, estaria escrevendo num caderno espiral ou em uma máquina de datilografar, com o devido corretivo líquido ao lado, tomando um tempo extraordinário. Com o computador, posso colar ideias, corrigir, mudar um tópico de capítulo, enfim, quase reescrever o livro num tempo infinitamente inferior se comparado com a maneira como escrevíamos no passado.

No entanto tenho uma constatação para dividir com você, leitora: o ser humano, principalmente nos grandes centros urbanos, tornou-se definitivamente refém da "falta de tempo". Parece que, dentro das organizações, o tempo virou um jogo de mico, em que todos querem passar o macaquinho para frente.

Posso facilmente constatar que minhas clientes executivas e empreendedoras se sentem absolutamente pressionadas com o tempo dentro das organizações e, como se não bastasse, também por seus compromissos familiares e sociais.

Algo que é notável ao longo de todo o tempo em que já venho cuidando dessa questão com as pessoas que reclamam da falta de tempo é que em geral elas não têm um diagnóstico de como usam seu tempo e de como distribuem suas atividades. Muitas, inclusive, sequer têm uma agenda, que hoje pode ser substituída pela tecnologia da informática, nos mais variados desenhos, programas e utilitários. O pior é que essa falta de tempo traz consequências nocivas para nossa saúde mental e física. O estresse constante nos desgasta de maneira incrível, ocasionando doenças muitas vezes irrecuperáveis, como o diabetes e o infarto do miocárdio.

Ao longo de todos esses anos, tenho participado de muitos cursos e discussões sobre administração de tempo e concluí que administrar o tempo nada mais é do que priorizar seus afazeres com base em seus valores e aprender a dizer "não". Por tudo o que já vi na vida, administrar o tempo é algo que só se faz com base em uma avaliação de valores. Se o assunto é tempo para fazer ginástica ou para o lazer, reveja seus valores pessoais. Se é tempo para o projeto X ou para o Y, reveja seus valores profissionais e o impacto e o resultado de cada projeto em seu trabalho. Administrar o tempo é fazer escolhas, optar por aquilo que é mais importante, que você acha que tem mais valor.

Parece simples, não? Mas por que as pessoas não agem com base nessa premissa? Porque não têm tempo, estão pressionadas com inúmeras demandas, e estão com a mente agitada com a perda da capacidade de raciocínio. Nessa hora, a racionalidade é algo fundamental. O que perco e o que ganho se optar por fazer isso ou aquilo?

Administrar o tempo requer, na maioria das vezes, uma revisão de hábitos que estão enraizados. Esses hábitos só serão mudados se fizermos uma profunda avaliação e concluirmos que, no processo de mudança de um hábito, nossos ganhos serão maiores e mais importantes do que nossas perdas. Seja simples: inicie mudanças com as coisas mais fáceis e daí parta para as mais complexas. Coloque em um papel duas colunas. De um lado sua lista de ganhos e de outro suas perdas. Isso será fundamental para seu processo de mudança. Mas para isso é imprescindível uma palavrinha mágica: "serenidade". Se você, leitora, compreender que sua mente precisa de alimento, tanto quanto seu estômago, vai ter um ganho incrível, diminuindo seu nível de estresse e aumentando sua produtividade e criatividade.

Diagnosticar como você usa seu tempo é importante, e o primeiro passo para o processo de lidar com esse tema tão avassalador. É preciso ter algum instrumento que lhe indique como você usa seu tempo.

No curso que ministro há anos sobre administração do tempo, reservo uma parte que invariavelmente é para surpresas, um momento de risos e descontração. Peço que o participante preencha uma planilha de como imagina que gasta seu tempo. Surgem resultados engraçados quando, o que é muito comum, as pessoas têm uma percepção de que seus dias têm 26 ou 27 horas. Os sábados então são muito elásticos, e geralmente passam das 30 horas! Se as pessoas sentem o dia assim, vão se comportar com base nessa perspectiva interna, o que obviamente não será exequível na realidade de um dia de 24 horas.

Temos de considerar que há uma subjetividade em nossa percepção de como o tempo passa. Você pode perceber isso facilmente quando faz reclamações do tipo:

– Este elevador está demorando muito para chegar em meu andar!

– O sinal de trânsito hoje está muito demorado para os carros da outra via.

"Sentimos" o tempo em função de nossa necessidade e de nossa percepção interna, e isso faz toda a diferença.

Outra coisa marcante nos cursos de administração do tempo é o tipo de feedback no final do curso, quando as pessoas percebem quanto tempo gastam com coisas desnecessárias ou, pior ainda, quanto tempo não gastam com coisas e pessoas que são realmente importantes em sua vida.

Questionamentos como "não sei como meu marido está comigo, uma vez que não tenho tempo para ele", ou "preciso realmente mudar e estar com meus filhos", ou ainda, "não tenho tempo para conversar com meus subordinados" são frequentes.

Gosto de usar a distinção entre eficácia e eficiência: eficácia é fazer a coisa certa no tempo certo; eficiência é apenas fazer a coisa bem feito. Precisamos valorizar o resultado que desejamos e avaliar o que é exequível para que possamos atingir nossos objetivos.

Portanto, se você realmente quiser ter sucesso na administração de seu tempo, faça uma profunda avaliação do valor das coisas que são importantes para você em sua vida pessoal e na rotina de trabalho. Administrar bem o tempo com base em seus valores lhe dará a oportunidade de focar naquilo que realmente é importante para você, trará mais objetividade para sua vida, mais resultados e uma sensação de realização muito maior.

ALGUMAS QUESTÕES PARA VOCÊ REFLETIR

1. Das 8.760 horas que Deus nos deu por ano, em média dormimos 7 horas por noite, (2.555 horas por ano), ou seja, 29% de nosso tempo. Portanto nos sobram 6.205 horas por ano.
2. Trabalhando 8 horas diárias em 219 dias, consumimos 1.752 horas, que se somadas à locomoção de apenas 1 hora por dia representam um total de 1.971 horas, ou seja, 32% do tempo em que estamos acordados.
3. Os 48% restantes temos que utilizar em, pelo menos, 11 setores importantes da vida, ou seja, cuidar do corpo, da mente, do espírito, da alimentação, do lazer, da atividade física, dos relacionamentos afetivos, familiares, sociais etc. Portanto, nossa margem de manobra é muito pequena para tanta atividade!

* * *

DICAS

- Faça um diagnóstico de como você usa seu tempo.
- Estabeleça como você gostaria de utilizar seu tempo em função de seus principais valores.
- Faça uma lista de coisas que você faz e que poderiam ser cortadas de seu dia a dia.
- Avalie sua logística diária, como transporte, visitas, pegar as crianças no colégio, idas e vindas para compras, exercício físico etc.
- Lembre-se de tempo para namorar! Sempre!
- Estipule tempo para o lazer e o ócio.
- Simplifique sua vida. Não crie hábitos desnecessários.
- Cuidado com a escravatura do celular e e-mails.
- Procure ajuda de um profissional.
- Procure tecnologias que favoreçam seu tempo.
- Deliveries, compras por internet etc.
- Faça reuniões objetivas.
- Se você tem uma secretária, cuidado para ela não lhe roubar tempo com coisas desnecessárias.
- Promova a administração do tempo em seu grupo de trabalho.
- Faça follow-up sistemático.
- Organize suas tarefas de preferência pela manhã.
- O fato é que realizar várias tarefas ao mesmo tempo como atender o telefone abrir correspondência e assinar papéis sobrecarrega o cérebro.
- Se você quer fazer o melhor, concentre-se em uma tarefa por vez, focando toda a sua energia nela. Experimente e veja como você ganhará eficiência.
- Se você está habituada por anos a fazer várias tarefas ao mesmo tempo, isso pode lhe trazer ansiedade. Isso é natural, você pode ir mudando aos poucos.

- É absolutamente louvável sair depois do horário para cumprir um novo projeto, terminar uma tarefa extra ou atender uma campanha específica. Fazer disso uma exceção é perfeito, mas se se tornar uma regra é sinal de péssima administração de tempo, demonstrando sua ineficiência a começar por negociar prazos. Não dê asas aos malucos e aos ineficientes.

CAPÍTULO 14

RECONHECIMENTO: O VALOR QUE MOVE AS PESSOAS E PODE CRIAR REFÉNS

O reconhecimento envelhece depressa.
Aristóteles

Segundo a reflexão de Jean Paul Sartre (Paris, 21 de junho de 1905 — Paris, 15 de abril de 1980), filósofo, escritor e crítico francês, conhecido como representante do existencialismo, o homem por si só não pode se conhecer em sua totalidade. Só através dos olhos de outras pessoas é que alguém consegue se ver como parte do mundo.

Considerando o que vivi e vendo as pessoas a meu redor, ouso afirmar com muita convicção que o ser humano só pode se desenvolver por meio de relacionamentos. Os relacionamentos são a fonte para o processo de desenvolvimento pessoal. Sem dúvida, necessitamos da solitude, assim como um monge e um discípulo precisam de seu refúgio nas montanhas para ter a serenidade e o silêncio da mente e, assim, contatar sua alma. No entanto, depois desse tempo, só retornando da montanha e no convívio com os outros e seu mestre é que terá a possibilidade de agir e pôr à prova seus pensamentos por meio de ações.

Sem a convivência, uma pessoa não pode se perceber por inteiro. Essa ideia está no conceito "o ser para-si só é para-si através do outro", que Sartre herdou de Hegel (Stuttgart, 27 de agosto de 1770 – Berlim, 14 de novembro de 1831), filósofo alemão, um dos criadores do idealismo alemão.

Apesar de não termos acesso ao interior de nossa alma, muitas vezes é por meio do outro que nos reconhecemos, através do que há de semelhante; todos precisamos de reconhecimento. Sartre afirmava que, por ele mesmo, não teria acesso a sua essência, sendo – como somos todos – um eterno "tornar-se", um "vir-a-ser" que jamais se completa, na medida em que estamos em constante mutação. Só com a convivência e o relacionamento com o testemunho do outro é que somos capazes de ter certeza de estarmos fazendo as escolhas certas.

Desse pensamento surgiu o conceito de que "o inferno são os outros", ou seja, embora sejam eles que atrapalhem de certa forma a concretização de nosss objetivos e sonhos, uma vez que o outro pode ser um obstáculo em nosso caminho, há de se conviver com ele, pois por meio dele é que é possível conhecer-se. Sem ele, nosso próprio projeto fundamental não faria sentido.

De fato, a questão do reconhecimento é algo que me parece intrínseco à existência do homem, no sentido de que temos de sentir que valemos para alguém. Realmente precisamos de alguém que nos dê valor para que justifiquemos nossa existência?

Ora, somos diferentes de uma planta ou um planeta, pois não nos basta existir; precisamos existir para alguém que nos devolva a nós mesmos em nossa dignidade e valor. Além do mais, esse conceito está embutido em nossa cultura, vejamos que podemos dividir a Europa em católica e protestante, precisamente por causa do reconhecimento.

Se tomarmos os conceitos em termos teológicos tradicionais, por causa da doutrina da justificação, esta era a questão existencial de Lutero: Quem me reconhece definitivamente? O que vale a minha vida? Quem justifica incondicionalmente minha existência?

Lutero leu em São Paulo, na Epístola aos Romanos, que o homem é justificado pela fé: "Quem acredita no Deus de Jesus tem a vida eterna".

O reconhecimento está diretamente ligado a nosso ego, e é aí que devemos ter atenção, pois vivemos em uma sociedade em que o ego vem em primeiro lugar!

Nossa necessidade de reconhecimento surge na mais tenra idade. E o fato de surgir tão cedo cria padrões que nos limitam quando nos tornamos adolescentes e adultos. Quando somos crianças, precisamos ser reconhecidos por nossos pais. Precisamos conquistá-los para ser admitidos no mundo dos adultos, do qual ainda não fazemos parte.

Quando passamos da fase de bebê para criança, começamos a perder o convívio com a mãe e o pai na medida em que certos ambientes e horários não são para crianças. Nessa fase, ainda não temos estrutura suficiente para lidar com algo que em geral pode nos parecer "falta de amorosidade". Saímos da sala de TV, comemos com as outras crianças e ouvimos que devemos nos retirar do ambiente, pois "isso não é conversa de criança".

Todos nós, um dia, exercemos o papel de intrusos na relação entre nosso pai e nossa mãe, forçosamente dividindo as atenções, principalmente de nossas mães. O jogo de ter de conquistar nosso espaço e ser reconhecido por nossos pais se inicia muito cedo, e isso nos custa em termos de bagagem emocional.

A situação se agrava quando encontro pessoas em meu dia a dia que foram rejeitadas desde a gravidez. Muitas também foram vítimas de manipulação para tentar "melhorar a relação do casal". O resultado é que essas pessoas necessitam violentamente de reconhecimento porque perderam a referência do que seja o amor ao longo de sua infância.

É comum nos processos de coaching haver executivas com uma enorme dificuldade para lidar com o tema do reconhecimento, tendo sido criados, entre vários irmãos, sem a atenção devida e o amor necessário para garantir-lhes segurança.

Pais devem tomar muito cuidado com frases do tipo "Você não merece", "Desse jeito você não vai dar certo", "Você é um fracassado", "Você faz tudo errado", "Você não sabe fazer isso". Frases indeléveis são ditas em momentos de impaciência pelos pais, daí a seriedade de decidir ter um filho!

Todas essas frases acabam sendo gravadas em nosso inconsciente e, de repente, temos de provar aos pais e ao mundo que somos capazes de realizar coisas importantes para merecer o que mais precisamos: amor.

O que noto claramente é que esses processos, em geral, são acompanhados de baixa autoestima e de uma autocrítica exacerbada. O problema é que quem exige muito de si mesmo acaba exigindo na mesma medida do outro, e isso dentro do ambiente corporativo pode causar muito estrago.

Sem dúvida, reconhecimento é muito bom, porque normalmente nos motiva a realizar mais. No entanto, precisamos estar atentos para saber reconhecer nosso trabalho e ser gentis conosco, observando nossa evolução em comparação com nós mesmos.

E quando nosso chefe ou nossa equipe não nos oferece esse reconhecimento? Temos de estar muito centrados e ter um equilibrado senso de autocrítica para não perder o referencial e a perspectiva do que estamos fazendo.

Tenho trabalhado com pessoas com problemas de auto--estima e, para elas, nada do que fazem é suficiente. Costumo fazer uma pergunta que sempre gera surpresa:

– Quem está cobrando isso dentro de você?

A resposta em geral é automática:

– Eu mesmo!

No entanto, quando exploro um pouco mais a fundo, aparecem pais e mães, alguns deles até falecidos. Aí é hora de uma profunda reflexão para que essas pessoas possam se libertar para sempre desses cobradores que não os reconhecem.

Nos dias de hoje, quando o ego vai tomando corpo e o reconhecimento pode vir na forma do saldo bancário, na marca da bolsa que a mulher está carregando ou na fila de Land Rovers que se tem na garagem, a falta desse reconhecimento, nesse mundo competitivo, pode significar uma grande ameaça.

Somos ameaçados também pelo "outro" que pode destacar-se, pelo subordinado que pode tomar nosso lugar, pelo colega que é promovido, e não nós, ou até por aquele que conseguiu um emprego melhor em outra empresa. Isso tudo mexe com nosso ego!

No caso da mulher, soma-se a necessidade de ser reconhecida como capaz de substituir o homem num mundo patriarcal, que não a reconhece. Embora isso venha modificando-se, ainda temos muito chão pela frente. Das que conseguiram, muitas se tornaram verdadeiras heroínas solitárias!

De acordo com Sylvia Hewlett, fundadora do Center for Work-Life Policy, uma entidade norte-america, em recente pesquisa do segundo semestre de 2011, as mulheres representam naquele país 53% das novas contratações. No entanto, as estimativas mostram que, no nível para o qual os colaboradores são promovidos a gerentes, as promoções atingem apenas 37% da força de trabalho feminina, caindo ainda mais para vice-presidentes, com 26%, e para executivas sêniores que participam de comitês executivos, com apenas 14%. E Hewllet complementa:

> Neste ponto a mulher é duplamente prejudicada, na medida em que nossas pesquisas mostram que, nas companhias dos Estados Unidos, 62% das funcionárias raramente ocupam posições que as levam a se tornar CEOs, ao passo que 65% dos homens encaminham-se para essa linha de tra-

balho. Isso ajuda a explicar por que o número de mulheres CEOs na revista Fortune 500 fica com minguados 2%–3% de participação.

No Brasil não é diferente: em plena semana em homenagem ao Dia Internacional da Mulher, em 8 de março de 2012, o Senado Federal, por meio de sua Comissão de Direitos Humanos, aprovou um projeto de lei em caráter terminativo e sem alterações ao texto enviado pela Câmara dos Deputados, o qual estabelece uma multa para as empresas que pagarem salário menor a mulheres.

Sempre é oportuno lembrar que a Constituição de 1988 e a CLT já preveem a igualdade na remuneração para todo trabalho de igual valor, sobre todos os aspectos, ou seja, sem distinção de sexo inclusive. A nova lei tem como objetivo apenas relembrar direitos já adquiridos e levantar o tema da discriminação das mulheres. O projeto de lei prevê multa de cinco vezes o valor do salário da empregada que tiver recebimentos diferenciados, ocupando a mesma função que um homem.

O grande problema para nossas heroínas solitárias é que, na medida em que o reconhecimento passa a ser um valor dentro de uma alta escala de prioridades e partindo da premissa de que ficamos felizes quando atingimos algo valioso para nós, estamos "transferindo" para o outro o poder de nos fazer felizes, assim como um dia fizemos com nossos pais e nossos mestres.

O reconhecimento está diretamente ligado ao juízo de valor dos outros em relação a nós, a nosso trabalho e a nossas realizações. Pois bem, se pensarmos que o juízo de valor é algo pessoal e apenas uma parte da visão da realidade, fica muito difícil acertarmos sempre. Mesmo porque existe em nossa cultura algo que nos diz que não podemos errar. Isso nos bloqueia muitas vezes na hora de tomar decisões, gerando uma paralisia, que muitas vezes não quer dizer deixar de decidir, mas que atrasa nossa tomada de decisão e nos faz perder a eficácia. Sei que não é fácil ter uma autocrítica equilibrada, tendo em vista que abrigamos crenças limitantes em nosso inconsciente.

Portanto, mais uma vez, sugiro lançar mão da famosa serenidade para avaliar de forma objetiva, e tendo o cuidado de não cair no extremo oposto, que é a visão de que tudo o que fazemos é perfeito, o que nos faz ficar centrados em nós mesmos. Quando isso acontece, o mundo é nosso umbigo e não há espaço para críticas ou para a visão do outro. Tornamo-nos egocêntricos e perdemos totalmente a capacidade de ouvir, entrando em um processo de constante defesa, fruto do medo de perder posições já conquistadas.

Outro ponto que quero destacar é a incompetência de líderes que não sabem o que querem de seus subordinados. Consequentemente, não há métricas de resultados e nem padrões de avaliação que possam inclusive dar uma direção quanto aos pontos principais que devem ser trabalhados.

Torna-se comum em nossos dias que as análises de desempenho só ocorram no momento da distribuição de lucros e bonificações. Avaliações feitas superficialmente por chefes que "estavam muito ocupados" e, pior, muitas vezes enviadas por e-mail e sem nenhum acompanhamento de ações corretivas, e nem da evolução de seus subordinados. Essas são ações estratégicas, mas os chefões não têm tempo para isso, nem paciência.

Sempre aconselho meus clientes a tomarem a frente nesses processos, desde a entrada em uma nova empresa. Recordo-me de um caso em que o chefe de meu cliente ficava na América Central. Então, montamos a quatro mãos um questionário para o chefe, perguntando coisas bem simples, que não haviam tido tempo de informar mesmo que ele já estivesse trabalhando há 45 dias na empresa: "Quais são meus objetivos?", "Quais dificuldades você imagina que encontrarei no mercado?", "Quais os três principais focos de meu trabalho nos próximos 30, 90 e 120 dias?", "Que tipo de relatório você deseja receber e com quais informações?"

Simples, para alguns até ridículo, e impensável para uma multinacional na área de tecnologia de informação. Mas isso é fato.

É impressionante a grande quantidade de mulheres executivas que encontro. Elas trabalham pesado, dedicando horas a fio para a empresa, sem ter sequer um espaço adequado para apresentar seus resultados, como em reuniões de gestão, por exemplo. Pode parecer estranho e óbvio, mas é o que acontece em empresas que por uma questão de ética não vou citar, mas que com certeza você, leitora, conhece. Muitas executivas sequer têm conhecimento de a quais parâmetros de avaliação serão submetidas. E na maioria dos casos muitas sequer são avaliadas.

Todo esse ambiente gera muita insegurança e não contribui para seu autorreconhecimento. Muitas ficam revoltadas, e a solução para isso resume-se em uma palavra: comunicação. Sinto-me muito feliz em ter ajudado inúmeras pessoas a mudar de forma positiva a relação com seu chefe, começando com uma comunicação estratégica que desenvolvemos em conjunto. E os que me agradecem muito pela ajuda são os chefes!

Portanto, exija clareza sobre seus objetivos e sobre o papel a ser desempenhado. Planeje as prioridades e mostre os resultados, comparando com as expectativas iniciais. Se você não cuidar em mostrar seus resultados, não serão seus colegas ou chefes que o farão. Isso faz parte de seu marketing pessoal, assunto tão negligenciado pelas executivas com as quais lido em meu dia a dia.

Enfrente essa questão do reconhecimento com a ajuda de um profissional. Isso poderá fazer toda a diferença. Além disso, é fundamental que você se coloque de fora e perceba suas realizações. Seja gentil com você mesma e, claro, busque sempre a excelência, que é não se contentar com o razoável. Mas comemore suas realizações!

Precisamos sim de reconhecimento, mas não olhe só para o buraco do pudim. Não delegue para os outros a responsabilidade e o poder de torná-la feliz!

ALGUMAS QUESTÕES PARA VOCÊ REFLETIR

- Quando você era criança, como era a questão de ser reconhecida por seu pai e por sua mãe?
- Como foi que você administrou a questão do reconhecimento, enquanto adolescente, com seus namorados e no ambiente escolar?
- Quem são as pessoas que mais lhe deram reconhecimento até hoje?
- Sendo o reconhecimento um valor importante, em que escala de prioridade esse valor foi importante para você até agora?
- Quem são as pessoas que você acha que não lhe dão o devido reconhecimento? Por quê?
- O que você sente quando não é reconhecida? Como você age a partir de então?
- Lembre-se de um caso no ambiente profissional em que você não foi devidamente reconhecida e, no entanto, tinha plena consciência de seu valor naquele momento.
- Você pode identificar em sua história algum padrão com relação a ser reconhecida? Esse padrão tem ajudado ou sido um empecilho?

***

DICAS

- Muitas vezes não somos reconhecidos pelos outros porque as pessoas têm dificuldade de elogiar. Se julgar importante a opinião de alguém, seja direta, pergunte: "O que você achou desse trabalho?"
- No ambiente empresarial, é comum não se ter referenciais de resultados. Vá à luta. Procure estabelecer claramente o que seu chefe quer como resultado.
- Em reuniões de trabalho, mostre e compare os resultados obtidos com os resultados esperados. Seja proativa sem ser inconveniente.
- Faça relatórios. A maioria das pessoas é do tipo visual, portanto escreva, faça gráficos, compare seus resultados com o esperado e com os registrados no passado.

CAPÍTULO 15

TALENTOS: COM CERTEZA VOCÊ TEM OS SEUS!

Excelência é buscar sempre o melhor em cada atividade com que nos envolvemos. É jamais contentar-se com o razoável.
Luis Henrique Pattaro
Diretor comercial da Johnson & Johnson, México.

Maurício tinha apenas 10 anos quando trouxe seu boletim para o pai ver. Ele tinha tirado boas notas em várias matérias – geografia, história, português, ciências –, mas tinha ido muito mal em matemática. Qual não foi sua surpresa quando seu pai, furioso, declarou:

– Maurício, estão suspensos seus jogos de futebol aos sábados e você não verá mais televisão à noite. Você vai ter de estudar mais e colocarei uma professora particular de matemática, já a partir da próxima semana!

Histórias assim escutamos aos montes e certamente muitas de vocês, leitoras, já passaram, como eu passei, por esse tipo de situação.

Em 2006, ganhei um livro de presente do dr. Randall S. Riggs, médico psiquiatra residente em Seattle, chamado *Now, discover your strenghts,* de dois autores, Marcus Buckingham e Donald O. Clifton. Esse livro mudou definitivamente minha visão sobre como trabalhar as potencialidades das pessoas, inclusive as minhas.

A visão ali apresentada é uma quebra de paradigma que tenho usado para provocar as pessoas nos processos de coaching, de treinamento e no próprio planejamento estratégico, como ferramenta de gestão de empresas.

O livro que acabei de citar foi lançado no Brasil pela editora Sextante com o título *Descubra seus pontos fortes*. Recomendo insistentemente sua leitura a todos os líderes e profissionais de coaching e àqueles lidam com gestão de pessoas, pois realmente proporciona uma abordagem diferenciada.

Com base em uma pesquisa do Instituto Gallup sobre o trabalho de treinamento com mais de 2 milhões de pessoas para entender a questão dos talentos, os autores chegaram à conclusão de que a maioria dos treinamentos está voltada para corrigir pontos fracos e não para oferecer ferramentas que reforcem os talentos dos funcionários. Entre outros dados interessantes, os indicadores mostraram que globalmente "apenas 20% dos funcionários pesquisados das grandes organizações trabalham utilizando aquilo que podemos chamar de seus talentos".

As principais conclusões de Buckingham e Clifton, que serviram de base para uma nova perspectiva em meu trabalho, foram:

- existe a crença de que qualquer pessoa pode aprender a ser competente;
- resultado: o foco dos processos de coaching e treinamento, nas empresas, está nos pontos fracos dos indivíduos;
- despende-se muito mais tempo e dinheiro em treinamento do que em seleção;
- promovem-se as pessoas com base em suas habilidades e experiências adquiridas, mas não por seus talentos;
- são mais bem remuneradas e mais prestigiadas as pessoas com mais experiências adquiridas ao longo do tempo.

Nesta altura, torna-se fundamental a definição do que é talento e suas características, para podermos dar um significado comum a essa linguagem. Vejo muita gente por aí repetindo clichês como "precisamos reter nossos talentos na empresa" sem sequer saberem definir o que é um talento, a não ser falando que é aquele funcionário rentável, que dá bons retornos para a empresa.

Então vamos para a definição de talento: é um padrão natural de pensamentos, sentimentos ou comportamentos que podemos aplicar de forma produtiva.

Principais características do talento:
- talento não se transmite;
- quando o talento se manifesta, você não despende muita energia;
- você reconhece o talento naquilo que faz bem feito e com constância, ao longo do tempo;
- quando você faz algo para o que tem talento, você faz com paixão;
- você reconhece seu talento para aquelas coisas que lhe proporcionam uma satisfação intrínseca porque têm muito valor para você.

Precisamos diferenciar o talento de conhecimento e habilidade, ou seja:
- talento é um padrão que se repete de forma sempre natural;
- o conhecimento está relacionado a lições e eventos aprendidos;
- já a habilidade está relacionada com sua capacidade de desenvolver as etapas de uma atividade.

Portanto, se você for fundo e descobrir seus talentos, agregar conhecimentos e desenvolver habilidades direcionadas para esses talentos, você estará caminhando na direção de sua excelência e fazendo as coisas de maneira única, diferenciada e certamente com muito mais prazer. Para mim a equação é clara:

TALENTO + HABILIDADES = EXCELÊNCIA

Tenho proposto essa questão como um dos quatro pilares de meu sistema de coaching e tenho tido surpresas incríveis, positivas, é claro.

Um caso que gosto de citar para meus clientes, e que é mencionado no livro de *Buckingham e Clifton* (2008), é o do grande jogador de golfe, Tiger Woods. Tiger já jogava golfe aos 8 anos de idade, aos 9, dava aulas. Desde 2000, tornou-se o desportista que mais faturou, ganhando mais do que o pentacampeão de Fórmula 1, Ralph Schumacher. Em seus treinamentos, seus instrutores sempre gastavam muito tempo trabalhando seu ponto fraco, que era a banca de areia – aquele setor do campo que tem uma parte com areia, exige tacos especiais e tem regras próprias de como jogar e bater as bolas. Nessa habilidade, Tiger Woods estava em 60° lugar no ranking mundial.

A partir do momento em que o famoso golfista contratou Butch Harmon como seu coach, houve uma mudança de paradigma. O novo treinador começou a enfatizar o que Tiger fazia de melhor: seu swing de longa distância; ao mesmo tempo, dispôs-se a treiná-lo na banca de areia para colocá-lo no máximo na 30ª posição. Com essa estratégia, a posição da banca não atrapalharia o resultado final do jogo, e Tiger passaria a treinar aquilo que realmente era seu talento: a tacada de longa distância.

O swing de longa distância é algo que Tiger faz
- de forma natural;
- sem gastar energia;
- com constância;
- e com muito prazer.

Isso o colocava entre os cinco melhores do mundo, posição que se manteve constante até seu romance extraconjugal ter vindo a público.

Por que temos dificuldade em reconhecer nossos talentos? Em 2008, fui convidado a participar como palestrante na Semana de Psicologia da Universidade de Évora, em Portugal, onde tive a possibilidade de abordar o tema "Valores e talentos como ferramenta de gestão de pessoas". Para uma plateia curiosa, composta de professores e estudantes de psicologia, pude expor pela primeira vez em público o resultado que vinha obtendo com a aplicação do processo de talentos com o teste proposto por Buckigham e Clifton.

Recordo-me muito bem de que, quando estávamos na etapa de debates, uma aluna da pós-graduação me direcionou a seguinte pergunta:

– E o senhor descobriu quais são seus talentos?.

– Naquela época, os testes hoje disponíveis no Galllup (www.gallup.com.br) não existiam, e então tive de descobri-los aprofundando minhas reflexões pessoais. E devo confessar que meu terapeuta na época teve um insight que me ajudou na descoberta de meu conjunto de talentos, levando-me a exercer a atividade de coach com muito mais segurança, eficácia e prazer.

– Hoje sei quais são meus talentos, mas foi difícil percebê-los – disse para a aluna.

– Minha colocação foi tão franca e aberta que, ao final do evento, fui convidado para ser monitor de um grupo de alunos da pós-graduação em psicologia organizacional, envolvendo a questão dos processos de coaching.

Em meu trabalho diário, observo em meus clientes a mesma dificuldade que tive quando se defrontam com a pergunta: qual é seu talento? Quando passamos a trabalhar esse tema, costuma vir a tona o fato de que, durante a nossa infância, pais e professores não reconhecem aquilo que fazemos bem feito.

Um dos aspectos que abordei na Universidade de Évora foi o fato de nossa visão ser fortemente influenciada pelos valores da tradição protestante anglo-saxônica, para a qual o que vale é o esforço, contrapondo-se àquilo que fazemos naturalmente e sem grande esforço – uma das características do talento –, o que nos leva a desprezar tudo aquilo que fazemos "sem ralar".

Assim, o que fazemos sem esforço, naturalmente, não é considerado de grande importância. Estamos sempre preocupados em melhorar e desenvolver nossos pontos fracos, despendendo muita energia, não fazendo nada com prazer, não conseguindo produzir com constância e obtendo resultados medíocres ou apenas medianos.

Encontramos o mesmo critério nos processos de planejamento estratégico, nos quais em geral se discutem e se gasta grande energia nos pontos fracos da empresa, sem se dar o mesmo grau de importância aos pontos fortes (os talentos da equipe e suas vantagens comparativas frente ao mercado).

Não poderia deixar de citar aqui minha experiência prática na aplicação desse conceito e na visão de talentos, quando trabalhei com a Hugo Levy Asociados de Buenos Aires na implantação do programa "Great Boss" na empresa sueca Skanska. Seu presidente mundial foi quem liderou com esses conceitos a implantação nas empresas da América Latina e mudou de maneira brilhante a cultura de gestão de pessoas da empresa.

O mais interessante era o entusiasmo dos mais de 50 líderes que iniciaram o processo e conseguiram identificar seus talentos em nossas sessões de coaching. Nos processos de coaching e de preparação para entrevistas de seleção de candidatos, a descoberta e o foco na avaliação dos pontos fortes e talentos tem ajudado muito a postura e a segurança de meus clientes para enfrentar essas situações. Há maior facilidade em reconhecer os pontos fracos, que, em geral, aparecem em maior número do que os pontos fortes, repetindo-se a equação.

O livro de Buckingham e Clifton (2008) contém uma metodologia para se avaliar talentos predeterminados, e depois de centenas de aplicações devo considerar que o teste apresenta um nível de acerto que deixa as pessoas intrigadas. No entanto, sempre explico que não gosto de rótulos e que, a meu ver, tendo obtido um resultado em um teste, você tem de fazer "sua digestão". Após o teste, adoto um sistema que dará à pessoa elementos para refletir e tomar posse de seus talentos, se é que aqueles que foram apontados pelo teste fazem sentido para ela.

Assim, o indivíduo que parte para a descoberta de seus reais talentos passa a direcionar melhor sua carreira para atividades com chances de chegar a melhores resultados no trabalho e com um alto grau de satisfação.

Com esse método, já vivenciei históricos de redirecionamento de carreira, além de uma experiência muito interessante: um departamento específico foi formado numa empresa para adequar a capacitação de um indivíduo e seu talento específico para liderar equipes dentro do processo de criatividade, na indústria da construção civil.

Não poderia deixar de mencionar aqui a importância do funcionário certo no lugar certo, uma noção amplamente difundida por Edward Deming, na década de 1980. Neste mundo de inovações e mudanças tão constantes, às vezes incorremos no erro de jogar fora uma boa teoria quando aparecem novos "gurus" tentando reinventar a roda.

De uma coisa você pode ter certeza: descobrindo seus talentos e estimulando seus liderados a descobrir os deles, você terá melhores resultados com menos dispêndio de energia, num ambiente mais harmonioso e prazeroso de se trabalhar. As pessoas ganharão eficiência e se sentirão mais motivadas a buscar a excelência. No entanto, não saia por aí comprando e distribuindo livros e testes para seus funcionários sem ter um programa desenhado dentro de sua empresa com o respectivo embasamento do que fazer a partir dos resultados. Falo isso porque já recebi informações de empresas que tomaram essa atitude e o tiro acabou saindo pela culatra.

Converse com seus pares e colegas e reflita sobre essa quebra de paradigma. O importante é que você não fique imobilizado dentro de um padrão velho e ultrapassado. Afinal, liderar é ter a capacidade de olhar para frente, ser flexível e buscar novas alternativas de ampliar os resultados com os recursos disponíveis.

ALGUMAS QUESTÕES PARA VOCÊ REFLETIR

- O talento poderá ajudar ou atrapalhar, dependendo do contexto.
- Você conhece seus talentos?
- Quanto seus talentos estão sendo aplicados em seu dia a dia?
- Quanto seus talentos estão lhe atrapalhando?
- Como você poderia mudar a tônica de seu trabalho em função de seus talentos?

***

DICAS

- Faça um teste de talentos com a ajuda de um profissional.
- Talento não se adquire, nascemos com ele.
- Desenvolver habilidades sobre seus talentos lhe dará um enorme potencial, levando ao estado de excelência.
- Quando você tomar "posse" de seus reais talentos você terá mais segurança e estará apaixonada pelo que faz.

- Procure descobrir os talentos de seus subordinados com a ajuda de um profissional.

CAPÍTULO 16

EQUILIBRANDO OS PRATOS NA RODA DA VIDA

A única certeza é a mudança interminável.
Heráclito de Éfeso (540-480 a.C.)

Quando nos propomos avaliar algumas bases filosóficas do Ocidente, encontramos personagens fundamentais, como Sócrates, Platão e Aristóteles. Anterior a esses, Heráclito, que nasceu em Éfeso, cidade da Jônia, de família nobre, era controverso, desprezava a plebe, recusava-se a intervir na política e era contra os filósofos de seu tempo e contra a religião. Faz parte do grupo que denominamos de pré-socráticos.

Nascido no seio de uma família real, tinha sua origem ligada ao fundador da colônia de Éfeso. Como primogênito, tinha alguns privilégios reais e chegou a ser sacerdote do rei, transferindo mais tarde essa função para seu irmão.

Heráclito escreveu o livro *Sobre a natureza*; recebeu a alcunha de "o obscuro". É considerado o mais eminente pensador de sua época. Sua importância foi enorme para a filosofia, influenciando inclusive pensadores como Goethe, Novalis, Nietzsche e Heidegger.

O princípio universal de Heráclito é que tudo se move e nada permanece estático. Platão descreveu a visão de mundo de Heráclito com a famosa expressão "panta rhei", sua máxima, que significa "tudo flui", tudo se move, exceto o próprio movimento. A designação mais exata que podemos usar é o devir. Ele exemplifica dizendo que "não podemos entrar duas vezes no mesmo rio porque, ao entrarmos pela segunda vez, não serão as mesmas águas que lá estarão, e a própria pessoa já será diferente".

A única certeza do universo é a contínua e interminável mudança. Isso representa o fato de que, quando acreditamos ter reconhecido uma constância, significa que fomos enganados por nossos próprios sentidos! A permanência é uma ilusão.

Com base nessa visão, devemos entrar na questão da vida equilibrada, o que considero um verdadeiro paradoxo em nossas buscas. Para melhor compreender o sentido de uma vida equilibrada, devemos começar definindo o que é equilíbrio.

Para o verbete "equilíbrio", no *Dicionário Houaiss da língua portuguesa*, encontramos: "(1) Física: condição de um sistema físico no qual as grandezas que sobre ele atuam se compõem, para não provocar nenhuma mudança em seu estado; (2) Posição estável de um corpo; (3) (fig.) Estado ou condição do que se mantém constante; (4) Distribuição, harmonia". Gostaria de complementar com uma definição do *Dicionário Aurélio da língua portuguesa*: "do latim [aequilibrium]: (1) Física: Estado que é invariável com o tempo; (2) Estabilidade mental e emocional.

Vale aqui pontuar que qualquer mudança provoca um desequilíbrio e consequentemente provoca o desencadeamento do processo de estresse. Vamos relembrar que, segundo Hans Selye, o conceito de "estresse é uma resposta não específica do organismo frente a qualquer mudança". Ora, partindo do princípio de que a constância é uma ilusão (Heráclito) e de que equilíbrio é algo constante, estático, gostaria de propor como reflexão que hoje, o máximo que podemos atingir seria o que chamo de equilíbrio dinâmico. Quando nos equilibramos, tendemos a nos desequilibrar novamente.

Se pararmos para avaliar nossa vida em seus vários aspectos, notaremos que sempre, a qualquer momento, percebemos que algumas coisas estão bem e outras nem tanto. Olhando a nosso redor, podemos perceber também que independentemente das pessoas serem pobres ou milionárias, funcionários públicos ou da iniciativa privada, de países ricos ou pobres, sempre encontraremos uma força até mesmo transcendente que força uma mudança, ou seja, um desequilíbrio. Resolvemos um problema e surge outro, em outra área de nossa vida. São os vários pratos que o equilibrista de circo tenta manter girando sem cair, pois, se cair apenas um, o show estará terminado.

A grande questão que observamos é que isso faz todo o sentido, na medida em que, se estamos aqui para nos desenvolver, o desenvolvimento não é algo estático e constante. Se assim fosse, a larva jamais se transformaria na borboleta, e nós, de embrião, não nos tornaríamos os seres humanos que somos. Se tudo fosse constante, não envelheceríamos e não morreríamos, tornando-nos eternos na condição em que estamos aqui na Terra.

Então buscamos, sim, um equilíbrio em nossa vida que não seja estático, mas dinâmico. Daí nossa capacidade de adaptação e nosso atributo da flexibilidade, que, lamentavelmente, vamos perdendo ao longo da vida por imposições do ego e da sociedade que nos cerca e nos treina para sermos inflexíveis.

Note, por exemplo, que, quando participa de um seminário ou de um workshop, você retorna para o mesmo lugar depois do coffee break ou do almoço, sem contar que poderá sentar-se no mesmo lugar no dia seguinte. Esse é um hábito que nos é imposto desde o primeiro ano da escola, visto o professor exigir que você se sente no mesmo lugar para poder "controlá-lo".

Então, encontramos pessoas que sentam sempre na mesma mesa do restaurante, comem o mesmo prato, fazem os mesmos caminhos para ir e vir do trabalho, dormem sempre do mesmo lado etc. São hábitos que sistematicamente vão nos deixando menos flexíveis até nos tornarmos velhos ranzinzas e inflexíveis, mental e fisicamente.

O grande desafio, portanto, é termos consciência do que estamos buscando em termos de equilíbrio dinâmico para não sobrecarregarmos nossa saúde mental, física e espiritual. Outro aspecto é o fato de mantermos o foco no que efetivamente é importante para nós sem ficarmos frustrados com o fato da vida passar e verificarmos que não fomos sonâmbulos e deixamos passar o que realmente era importante para nós.

Por isso é importante parar e planejar o que queremos. Mas planejar, aqui, quer dizer dar um norte para sua vida. Sabendo onde está o norte, você terá mais segurança para enfrentar alguma virada em direção ao sul que a vida venha a lhe proporcionar! Na verdade, planejar uma vida equilibrada é o que chamo de "desligar o piloto automático". Desde 1999, ministro um workshop com esse nome e nele defino o que seja "desligar o piloto automático":

- estar desperto para a vida e não apenas acordado;
- conhecer seus valores pessoais;
- conhecer seus valores profissionais;
- assumir a responsabilidade por sua vida;
- se apaixonar pelo que faz, admitindo que você é um ser emocional;
- ter a coragem de mudar, sonhar, empreender, errar e aprender, viver o presente, o agora.

Você só poderá planejar uma vida equilibrada se der um mergulho dentro de si, indo fundo naquilo que é importante e "desligando seu piloto automático". E não espere que o seu equilíbrio seja proposto por alguém de fora. Você terá de assumir de vez a responsabilidade de sua vida com você mesmo e propor o que deve ser mudado para encontrar seu equilíbrio dinâmico.

É importante notar que planejar é um processo dinâmico e não estático. É uma ferramenta apenas para que você consiga dar-se um norte, lidando com a perspectiva de Heráclito, segundo a qual a única certeza do universo é a mudança. É por isso que temos de estar despertos para o que acontece a nosso redor e buscar o significado daquilo que está acontecendo conosco e a nossa volta.

PENSAMENTO E O PROCESSO CRIATIVO

Quero dividir aqui algo que aprendi com Deepak Chopra, em um de seus seminários em San Diego, sobre nossos pensamentos. Criei o diagrama abaixo para facilitar o entendimento:

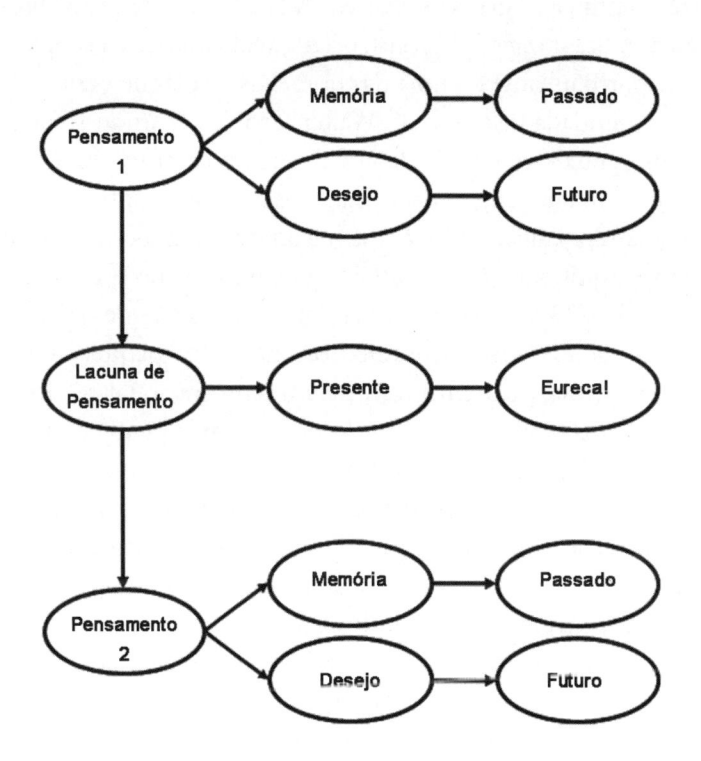

```
Pensamento 1 ──┬──> Memória ──> Passado
               └──> Desejo  ──> Futuro
      │
      ▼
Lacuna de Pensamento ──> Presente ──> Eureca!
      │
      ▼
Pensamento 2 ──┬──> Memória ──> Passado
               └──> Desejo  ──> Futuro
```

Vivemos em um mundo recheado de pensamentos. Temos de ser criativos para achar solução para tudo e acreditamos piamente que, para ser criativos, temos de pensar segundo processos que chamei de "construtivistas", ou seja, quanto mais racionalizamos, mais nos aproximamos da equação que, por conseguinte, será a solução de nossos problemas. É muito comum nos depararmos com pessoas que dizem: "Só consigo ser criativo sob pressão".

Em geral, nos esquecemos de outras escolas de pensamento criativo, como as citadas por Domenico di Masi em seu livro *A emoção é a regra*. Lá é citada a Bauhaus, por exemplo, na qual se parte do princípio do ócio criativo. A Staatliches Bauhaus (literalmente, "casa estatal de construção", mais conhecida simplesmente por Bauhaus) foi uma das primeiras escolas de design do mundo, fundada pelo alemão Walter Gropius. Tornou-se também um grande centro de desenvolvimento de artes plásticas e da arquitetura de vanguarda. A Bauhaus funcionou entre 1919 e 1933, na Alemanha, tornando-se referência do modernismo em design e arquitetura. Basta lembrar que uma cadeira da Bauhaus, criada em 1923, ainda é moderna e atual até os dias de hoje.

Nas lacunas dos pensamentos, naqueles pequenos intervalos que surgem entre um pensamento racional e outro, é que temos a oportunidade de entrar em contato com as nossas eurekas! Em contraposição ao pensamento criativo construtivista, movido pelo encadeamento racional de ideias, podemos falar de nossos sonhos. Quantas vezes encontramos grandes soluções para nossos problemas durante o sonho?

Como vivemos no mundo marcado pela síndrome da pressa e da urgência, não temos tempo para parar e fazer uma avaliação de nossa vida, e muito menos para planejar algo com base em nossos sonhos. Gostaria de perguntar a você, leitora, o seguinte: quantas vezes parou nos últimos 12 meses para avaliar onde está e para onde quer ir no futuro? Como você deseja desenvolver sua carreira profissional? Onde estão escritos seus planos? Não estou falando aqui de listas de desejos, sonhos e projetos de final de ano, falo de um plano com objetivos, prazos, que inclua de que maneira seus pontos fortes e fracos podem contribuir ou limitar seus objetivos. Quais são suas prioridades? Por onde você deve começar administrando seu tempo e todas as coisas que têm valor para você?

FAZENDO SUA RODA DA VIDA

Tenho utilizado a Roda da Vida como uma metáfora e um instrumento importante nos processos de coaching porque é uma ferramenta simples de reflexão e que traz à tona muito do que queremos e de nossas frustrações. A Roda da Vida também serve como uma ferramenta de autoavaliação, e fico feliz quando o cliente percebe sua evolução ao longo do tempo usando esse instrumento. Então, vamos lá, mãos à obra!

PARA FAZER SUA RODA DA VIDA

1. Minha sugestão é que você tire uma cópia da página 190, mantendo-a como matriz para tirar outras cópias no futuro.
2. Sente-se calmamente, em um ambiente tranquilo, onde você possa estar só por alguns momentos. Agora é seu momento de solitude!
3. Imagine cada setor da roda e como você se sente em relação a esse setor.
4. Atribua uma nota de zero (péssimo) a cinco (ótimo) para cada setor de sua vida.
5. Ponha a data do dia em que você fez a Roda da Vida.
6. O ideal seria que você refizesse a Roda da Vida a cada quatro ou cinco meses para ir monitorando seu processo.
7. Para cada setor avaliado escreva em um papel:

a) Por que este setor está ruim?
b) Por que este setor está bom?
c) O que devo melhorar neste setor?
d) O que depende só de mim?
e) O que depende também de terceiros?
f) Que ações devo tomar?
g) Quais são as ações mais fáceis que devo priorizar?
h) Quais são as ações mais difíceis que devo priorizar?
i) O que devo fazer para manter os setores que estão bons?
j) O que posso melhorar ainda mais?
k) Para cada ação, escreva o prazo de execução, o que você ganha e o que você perde, quem ganha e quem perde com essa ação.
l) Quais mudanças são necessárias para que eu melhore?
8. Guarde-a para uma comparação com uma roda futura, a ser feita dentro de alguns meses.
9. Se surgirem questões mais profundas, que não consegue resolver sozinha, não desanime, procure a ajuda de alguém de sua confiança.

OS ASPECTOS A SER AVALIADOS

1. Lazer: como anda seu lazer.? Ele a satisfaz ou você gostaria de ter mais lazer?
2. Alimentação: como anda sua alimentação quanto a qualidade, quantidade, variedade e regularidade da hora das refeições?
3. Mente: como está sua mente? Sempre agitada, em geral calma, tem sua hora de relaxamento, como se sente mentalmente?
4. Saúde: como anda sua saúde? Você tem cuidado dela fazendo check-ups regulares, visitando o médico, o ginecologista e estado consciente de sua saúde?

5. Família: como está seu relacionamento familiar? Antes de mais nada, pense quem faz parte do que você considera sua família. Sua família tem sido fonte de prazer, de preocupação ou de estresse?
6. Relação afetiva: aqui me refiro a seu relacionamento amoroso, com o seu par. Seu romance. Como anda esse setor? É comum as pessoas misturarem seu relacionamento amoroso com a família e perderem o encanto da relação a dois, ao longo do tempo.
7. Trabalho: como vai seu trabalho no contexto de sua vida atual? Está bom, ruim, é fonte de prazer e realização ou as coisas não andam bem nesse setor?
8. Relações sociais e networking: como andam, seja do ponto de vista de suas amizades e de seus conhecidos no campo profissional? Você está vivendo como quer nesse setor ou não?
9. Aprendizado: aqui, trata-se de seu aprendizado de vida e não acadêmico. Como anda seu autodesenvolvimento, seu autoconhecimento? Como você tem cuidado de seu desenvolvimento pessoal?
10. Esportes: aqui, refiro-me a atividades físicas. Você está ativa ou sedentária? Com que regularidade você pratica uma atividade física?
11. Espiritualidade: aqui me refiro aquilo que lhe transcende. Como anda seu desenvolvimento nessa área? Você está satisfeita? Ou não tem tido tempo o quanto gostaria para desenvolver esse setor? Está em paz? Sente-se conectada? Ou seu sistema de crenças não acredita em nada além de seu corpo e mente e se sente tranquila assim? É você quem dá a nota.
12. Finanças: você se sente segura e confortável financeiramente ou esse setor é fonte de desequilíbrio e estresse em sua vida neste momento?

RODA DA VIDA

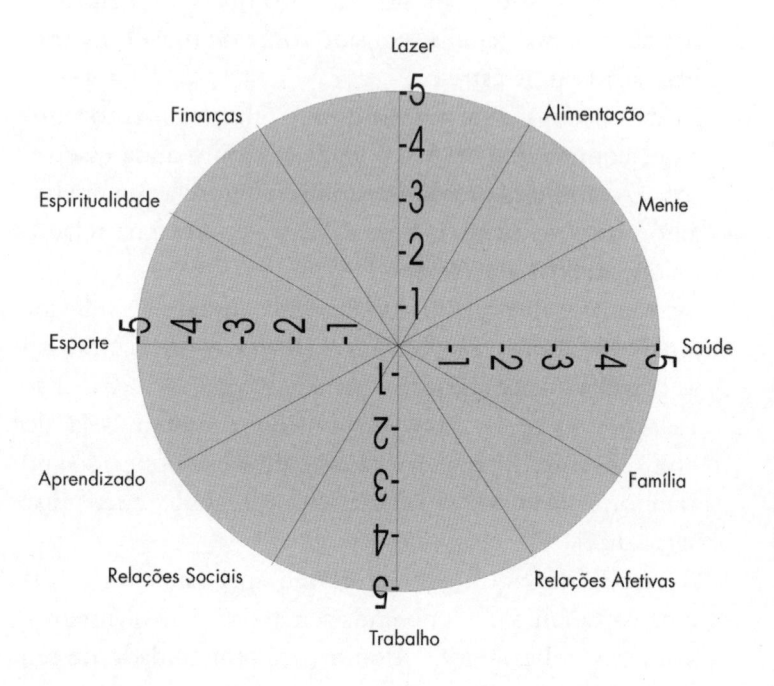

Lazer · Alimentação · Mente · Saúde · Família · Relações Afetivas · Trabalho · Relações Sociais · Aprendizado · Esporte · Espiritualidade · Finanças

A Roda da Vida é uma ferramenta interessante, se você usá-la periodicamente. Veja algumas vantagens:

1. a Roda da Vida é uma fotografia que você tira de si mesma, no exato momento em que está vivendo;
2. na medida em que coloca seus pensamentos no papel, você automaticamente cria um ponto de vista que a auxiliará a avaliar a situação;
3. quando você se autoavalia, cria um processo de melhor autoconhecimento e desenvolve sua capacidade de entender seus processos comportamentais e suas emoções;
4. uma vez que você avalia vários setores de sua vida, pode perceber como um setor está relacionado com outro e como deve cuidar de cada um;
5. fazer a Roda da Vida a cada quatro ou seis meses ajuda a verificar a quantas anda seu processo de evolução no caminho que você julga mais importante;
6. com esta Roda da Vida desenhada, você poderá mais facilmente definir prioridades em função de seus valores e de seu tempo e iniciar pelas coisas mais simples que possam lhe trazer maior resultado, satisfação e uma vida mais equilibrada de seu próprio ponto de vista;
7. fatalmente, os temas que surgirão facilitarão melhor administrar seu tempo, proporcionando maior equilíbrio entre a vida pessoal e a profissional;
8. esse processo muito possivelmente exigirá mudanças de sua parte. Sempre faça uma lista de ganhos e perdas que a mudança lhe proporcionará. Se as perdas forem maiores do que os ganhos, refaça a lista para encontrar mais ganhos relevantes para você. Caso contrário, seu inconsciente a sabotará;
9. celebre toda mudança de hábitos que conquistar. Celebre comemorando com alguém de que você goste ou compre algo simbólico para lembrar essa mudança.

Quanto mais sua roda estiver arredondada, melhor para você. Mas lembre-se: esse é um processo dinâmico, e você, leitora, é a grande malabarista.

CAPÍTULO 17

PROCURANDO AJUDA DE UM COACH

O autoconhecimento só é possível através do conhecer o outro.
Johann Wolfgang Von Goethe

Numa quarta-feira chuvosa recebo o telefonema de Fátima, que acabara de ler meu livro, *Executivo o super-homem solitário*, o qual sua avó lhe havia dado seis meses antes. Fátima disse que o livro tinha ficado engavetado todo esse tempo e que de repente tinha lido o livro em apenas um fim de semana e concluiu que precisava de um coach.

Fátima já era uma executiva de sucesso bem trabalhada, tendo feito terapia por mais de cinco anos. "Preciso de um coach porque não vou ter a orientação que preciso com minha terapeuta, ela não é do ramo", brincou Fátima.

A maioria das minhas clientes é mulher, cerca de 60%, e foi isso que realmente me deu coragem para ousar falar para as mulheres. Acho fascinante como as mulheres são mais abertas a se trabalhar do que os homens. Como mencionei anteriormente, os homens são mais reticentes a buscar ajuda, pois se sentem autossuficientes, verdadeiros super-homens!

No entanto, é um fato que muitos psicólogos estão entrando na área de coaching, se especializando, participando de grupos de estudos, e, claro, eles têm se saído muito bem.

Por outro lado, o coaching está sofrendo um processo de banalização, principalmente aqui no Brasil. Como membro fundador do GEC (Grupo de Excelência em Coaching), do CRA/SP (Conselho Regional de Administração de São Paulo), tenho martelado muito nessa tecla da banalização. Por incrível que pareça, encontramos a associação do coaching com atividades das mais diversas áreas, como búzios, ioga, educação física. Todos se dizem coaches! Uma das histórias mais recentes e pitorescas foi citada em uma reunião do CRA e publicada numa revista de negócios. Nela, o entrevistado se descrevia como "coach imobiliário" – o velho corretor com roupa nova!

Como o coaching é uma atividade profissional e não uma profissão, como se caracteriza aqui no Brasil, com a necessidade de uma formação acadêmica, precisamos tomar cuidado porque qualquer gaiato está se apoderando da palavra que está na moda.

Por isso vamos à definição de coach. Utilizo a definição do *Dicionário Webster's*. "Coach em inglês; coche, em francês; kutche, em alemão, vem do húngaro 'kocsi'. Kócs é a cidade húngara onde a palavra foi utilizada pela primeira vez para designar 'carruagem de quatro rodas.'"

Segundo algumas fontes, a primeira vez que se utilizou a palavra "coaching" para designar um processo de instruir ou dar suporte foi por volta de 1830, na Universidade de Oxford, como uma gíria para um tutor que ajudava os estudantes nos exames. Desde então, o coaching passou a ser usado para descrever o processo destinado a levar as pessoas aonde elas desejavam ir, partindo de seu estado atual.

Nas universidades norte-americanas, passaram a usar essa gíria para designar "tutor particular", aquele que preparava o aluno para um exame em uma determinada matéria. Na área de esportes, foi em aproximadamente 1831 que passaram a adotar o termo. Depois, foi usado para designar "instrutor ou treinador de atletas, atores ou cantores". Somente na década de 1980 foi que o termo "coach" entrou para o mundo das organizações, nos Estados Unidos.

Devido ao desenvolvimento de minhas atividades, acabei sendo pioneiro no uso dessa palavra no Brasil. Comecei a usar o termo coaching em 1996, para designar o processo de acompanhamento e aconselhamento da carreira profissional e de administração da vida pessoal.

Desde que iniciei a prática do ioga, quando tinha 17 anos, percebi que o ser humano era um todo composto por corpo, mente e espírito. Dentro dessa perspectiva, sempre questionei em meus estudos acadêmicos a separação que era feita entre os vários papéis que o ser humano representa, dando a entender que seria possível separar a vida pessoal da profissional.

Partindo dessa minha premissa básica, quando comecei a trabalhar como coach fiz questão de estabelecer uma sistemática partindo do ser humano como um todo. Ou seja, não separo o plano pessoal do trabalho profissional. Tudo tem de estar alinhado. Acho um grave erro fazer colocações do tipo: "Quando você entra no local de trabalho seus problemas pessoais ficam do lado de fora!" Acho isso uma asneira total. O ser humano é um todo e seus valores pessoais têm de estar alinhados com os profissionais, pois, caso contrário, seu inconsciente o boicotará traduzindo-se numa performance medíocre.

Tenho trabalhado também com jovens na fase de escolher uma faculdade ou uma carreira. Percebo claramente que muitos dos antigos testes vocacionais não têm atendido a esses jovens, tanto é que depois de passar por esse processo acabam me procurando. É um momento muito difícil para os jovens, ainda sem experiência e sem que as escolas estimulem a reflexão, o de ter de decidir uma carreira para o resto da vida.

A pressão dos pais para que acertem de primeira é muito grande, o que só contribui para um maior grau de complexidade para os jovens. Além do mais, muitos entram na faculdade e perdem o entusiasmo diante dos currículos e das matérias genéricas que os nossos acadêmicos lhes propõem, sem contar que nossas universidades preparam os alunos para ser futuros empregados e não empreendedores inovadores, como se ainda estivéssemos nos tempos da Revolução Industrial.

Neste momento, cabe um comentário sobre muitos desses jovens com quem trabalho e que às vezes me surpreendem de forma muito positiva com seu alto grau de maturidade, deixando para trás executivos, homens e mulheres, com mais de 50 anos. É impressionante como encontramos jovens atualmente com um altíssimo grau de clareza de objetivos e visão de mundo.

O coach não é uma profissão regulamentada no Brasil e nem no exterior, o que dificulta muito a escolha de um profissional. Não existe formação acadêmica para o coach, embora haja alguns cursos no Brasil, nos Estados Unidos e na Europa, normalmente ministrados por grupos de Programação Neurolinguística (PNL).

Como menciono no livro *Executivo, super-homem solitário*, um ponto que venho colocando em discussão é o fato de o termo "coach" ser utilizado para designar um atributo ou uma técnica para desenvolver subordinados, dando ao executivo o papel de líder coach. Creio que um líder pode até ter atributos de um coach ou exercer o papel de "ouvinte e motivador de pessoas", mas daí a considerar alguém um coach tem muita diferença. Pensando pura e simplesmente nos critérios para a busca de um coach, vamos bater de frente com atributos que muitas vezes são impossíveis de se exigir de um líder.

Um dos pontos fundamentais do coach consiste em manter certo distanciamento do ambiente em que transita o profissional para que, com imparcialidade e isenção adequadas, possa assumir o papel de um "diretor de cinema", como costumo dizer.

Para ser um coach é preciso ter talento, e não é todo executivo que o tem. Como mencionei anteriormente, talento é algo que não se ensina nem se transmite. Portanto, não é passando técnicas e ferramentas para os líderes que forçosamente teremos bons profissionais de coaching.

Outro ponto é que o coach necessita ter distanciamento dos contextos a ser trabalhados, além de técnicas para se manter suficientemente à parte dos processos emocionais de seus clientes; caso contrário, perderá a perspectiva da floresta (o todo) e colará seu nariz na árvore (detalhe/situação imediata), o que encurtará sua possibilidade de perceber outros pontos de vista diferentes dos do cliente.

Outro fator importante é a experiência do coach na solução e no encaminhamento de casos de sucesso. Aqui, as vivências passam a ser fundamentais, mesmo porque o próprio processo de coaching com o cliente é um grande laboratório de aprendizado para o profissional, uma vez que sempre há uma troca de experiências.

Dentro do próprio CRA, uma das grandes discussões que sempre vem à tona é a necessidade do profissional de coaching ter vivência do mundo corporativo como pré-condição para conduzir o processo com eficácia e objetividade. Isso leva à questão dos anos de experiência que se torna um atributo importante para decidir quem será seu coach.

AFINAL QUAL É O PAPEL DO COACH?

Logo na primeira sessão, de entrada explico a meus clientes que o coach é como um diretor de cinema, que se preparou tecnicamente para ver de fora a cena, orientar a performance do ator, fazê-lo superar-se, tirando dele o seu melhor, aquilo que às vezes nem ele mesmo conhecia ou se julgava capaz de fazer.

O diretor de cinema é alguém que vê de fora, que entra em cena para ficar fora da cena e ajudar o ator a brilhar, a ir mais longe, a se superar, a conseguir a excelência e a fluência máxima de seus talentos. Um bom diretor questiona, instiga, provoca, estimula, entusiasma, motiva, se compromete com o projeto. Ele exige, usando respeito e afeto; ele quer que seu ator jamais se contente com o razoável e ouse no caminho da perfeição e da excelência.

É assim que eu me sinto no papel de coach: comprometido com seu projeto, querendo tirar de meu cliente o que ele julgava ser impossível.

Ainda nessa metáfora do diretor de cinema, parto do princípio de que meus clientes são verdadeiros Al Pacinos, Sean Connerys ou quaisquer outros desses monstros sagrados e maravilhosos do cinema. Eles têm amplo conhecimento de sua arte, sabem como representar, além de terem vivência e talento para esbanjar. Numa terceira posição, de fora, com "olhos de expectador" e um ponto de vista bem objetivo, como um diretor de cena, ouso querer como coach conseguir que meu cliente se supere, tenha êxito em realizar seus papéis com excelência e entusiasmo e, principalmente, descubra o imenso prazer de viver essa experiência.

Sempre digo que meu talento está em resolver e ter uma visão estratégica dos problemas dos outros. No entanto, sou incapaz de resolver todos os meus problemas, uma vez que carrego minhas experiências traumáticas, minhas vivências e minhas limitações, que, claro, busco superar, com a ajuda do olhar externo de alguém.

Assim, o grande papel do coach é proporcionar ferramentas e provocar uma reflexão no cliente para que ele se conheça melhor e encontre alternativas para desenvolver seus projetos, seja no campo profissional, seja no pessoal. Com autoconhecimento, fica mais fácil fazer um diagnóstico dos pontos fortes e dos fracos, avaliando as ameaças e as oportunidades.

Outro aspecto que considero importante é dar instrumental ao cliente para que ele descubra seus talentos e habilidades, pois só assim poderá encontrar seu estado de excelência e dar um norte para sua vida, descobrindo sua missão única e individual.

O papel do coach, usando uma expressão do filósofo Martin Heidegger (1889-1976), é contribuir para que "o homem saia da vida banal", quando ele se encontra perdido, deteriorado em meio à massa, seguindo regras moldadas pelas regras da massa. O objetivo é contribuir para uma "vida autêntica", que, segundo esse filósofo, "é onde o homem se constrói segundo seu próprio plano".

Outra questão muito comum é a confusão entre coaching e terapia. O processo de coaching não é terapia, mas é terapêutico, na medida em que conseguimos fazer uma pessoa mudar seu olhar sobre uma determinada questão específica.

Numa sessão de terapia, precisamos da interferência do terapeuta, formado na maioria das vezes em psicologia ou em psiquiatria. No entanto, uma conversa com um médico clínico sobre uma doença qualquer ou com um amigo sobre a discussão com a sua mulher pode também ter uma ação terapêutica.

Outro ponto que creio ser pertinente é a questão de outras atividades de que, como coach, usando minha síntese de anos de trabalho, lanço mão: as funções de mentoring e de counselling. Para esclarecer em que consistem, vou utilizar aqui as definições do GEC (Grupo de Excelência em Coaching) do CRA/SP (Conselho Regional de Administração de São Paulo), que fornecem uma base interessante para a reflexão:

> Coaching é uma atividade profissional que se dá num processo confidencial, estabelecido em uma relação de parceria entre coach e cliente, visando o desenvolvimento pessoal e profissional, apoiando e instigando, com o objetivo de atingir resultados previamente estabelecidos. (Resolução GEC/01 –15 jul. 2008)

> Mentoring é uma relação de orientação, sistemática ou não, na qual o mentor, com base em suas experiências e maturidade (profissional e pessoal), indica linhas de atuação, facilitando, estimulando e acompanhando o desenvolvimento do indivíduo/cliente. (Resolução GEC/01 – 19 maio 2009)
>
> Counselling: trata-se de uma atividade na qual um conselheiro compromete-se a prestar suporte direto e pessoal a outro indivíduo, tendo em vista uma necessidade específica. (Resolução GEC/01 – 18 ago. 2009)

Obviamente, lanço mão desses dois outros papéis até para abreviar o processo e dar mais objetividade ao trabalho. Dentro da esfera de ação do mentoring, dou puxões de orelha; e dentro do counselling, dou conselhos em questões específicas a respeito das quais tenho maior vivência.

No entanto, como profissional, tenho sempre de alertar meus clientes para o papel que estou exercendo, até para que não fiquem numa posição de conforto esperando que eu lhes dê todas as respostas. Não canso de dizer que parto do princípio da "plena potencialidade" de cada um e da certeza de que todos nós temos todas as respostas para nossas questões de vida. O trabalho do coach consiste em provocar reflexões e extrair de dentro de cada um suas próprias verdades. No entanto, muitas vezes podemos tomar um atalho, palpitando e aconselhando, desde que fique claro que a responsabilidade pela mudança e pela reflexão é do cliente, e não do coach.

Depois dessas ponderações, deixo uma pergunta no ar: você percebe a necessidade da experiência prévia para exercer a atividade de coach? Outra pergunta relevante é: quem precisa de um processo de coaching?

Esse, sim, é um momento em que o coach pode auxiliar com ferramentas para estimular uma reflexão mais objetiva e desapaixonada, além de ser alguém com isenção para nos ouvir com atenção, com foco em objetivos claros, com respeito e mantendo a confidencialidade e uma postura de compaixão, aliviando nosso sentimento de solidão. Consequentemente, esse trabalho terá um efeito terapêutico e poderá gerar novas visões e possibilidades para resolver nossos dilemas.

Enfim, temos de perceber e humildemente aceitar que não somos super-heróis, seres prontos, mas que precisamos de algum tipo de ajuda para melhorar nossa perspectiva e aí sim dar um salto qualitativo em nosso desenvolvimento.

Creio que hoje a atividade de um coach pode dar sua contribuição à sociedade, e essa atividade tão nobre pode contribuir muito para a essência do ser humano na busca de como administrar suas angústias, seus medos e seus projetos de vida pessoal e profissional.

Passamos por um momento em que compartilhar nossas experiências é fundamental para o desenvolvimento do nível de consciência das pessoas, neste mundo onde faltam tantos fóruns para discussões sobre as grandes questões da vida. Entretanto, é fundamental para quem se dedica a essa atividade ter um carinho especial, ter ética e responsabilidade, na medida em que o coach pode ajudar as pessoas a se tornar mais livres, realizadas e felizes.

Por fim, neste capítulo, gostaria de abordar uma questão muito comum: quando iniciar o processo de coaching? Recomendo sempre que se inicie o processo antes da crise bater a sua porta. Muitas vezes, as pessoas enxergam o processo só como um "bombeiro" para apagar o incêndio. Quando falamos de coaching estamos falando do futuro que queremos alcançar. Falamos de um processo que pode levar de um estado atual para um estado desejado no futuro. Estamos falando de planejamento.

Claro que o coach pode tratar de assuntos prementes, urgentes e crises. No entanto, encare o coaching como um processo dinâmico e uma ferramenta para o autodesenvolvimento. Como estamos em processo contínuo de mutação, é importante você dedicar um tempo a direcionar seus caminhos para ter mais foco e objetividade. Ou seja, quando tudo está bem, com serenidade, é um momento oportuno para traçar seus próximos passos.

Nesse aspecto, minha experiência mostra claramente que as mulheres são muito mais abertas a um processo de coaching do que os homens, mesmo porque, como atesta o terapeuta familiar John Gray em seu livro *Homens são de Marte, mulheres são de Venus*, os homens são mais reticentes a pedir ajuda.

Sorte de vocês, mulheres!

DICAS PARA ELEGER UM COACH

- Procure uma pessoa que, além de conhecimento técnico de ferramentas que possam ajudá-la do ponto de vista prático e comportamental, tenha vivência do mundo corporativo e preferentemente uma visão multidisciplinar.
- Ter ferramentas é muito importante; no entanto, dê preferência para aquele com quem você se sente à vontade e confortável para dividir suas questões mais profundas.
- Procure indicações de pessoas conhecidas, apesar de muitas pessoas que fazem o processo de coaching não gostarem de indicar o coach para amigos, sentindo-se desconfortáveis até em dizer que participam de um processo dessa natureza.
- Estabeleça claramente o que você quer para ter parâmetros de resultados ao longo do tempo.
- Avalie com seu coach o estado atual e o estado desejado.
- Procure um coach com experiências e formação variadas.
- Ética, responsabilidade e confidencialidade são questões essenciais dentro do processo. Procure saber quais as regras que norteiam a conduta do profissional.

- Procure deixar clara qual é a responsabilidade do coach e quais são as suas responsabilidades no desenvolvimento do trabalho.

CAPÍTULO 18

VESTIR-SE BEM E COM PERSONALIDADE

> *Vestir-se bem é vestir a alma.*
> Cristina Guardia

A ideia deste capítulo surgiu, e com muita propriedade, durante o momento em que eu escrevia este livro e minha mulher, Cristina, que trabalha com moda há 22 anos, perguntou se eu não iria abordar esse tema que ela julga extremamente importante.

Portanto, neste capítulo, quero dar os créditos de autoria também a ela, na medida em que realmente escrevemos a quatro mãos, com base em sua visão da roupa como instrumento de comunicação.

Desde que comecei a estudar os processos e as ferramentas de comunicação, tomei conhecimento das técnicas de rapport, palavra francesa sem tradução imediata em português e que está relacionada a empatia e harmonia – fenômenos que sempre consideram a maneira de se vestir uma das maneiras de nos comunicarmos com o outro.

Recordo-me de uma ocasião em que tinha uma reunião em São Paulo numa empresa do setor bancário e, na sequência, tinha outra reunião à tarde em Salvador, numa empresa distribuidora de produtos químicos, que estava visitando pela primeira vez. Com a agenda apertada em função do voo, eu não tinha tempo de passar no hotel, e lá fui eu de gravata para a visita da tarde. Claro que já fui descartando a gravata e o paletó, mas mesmo assim a calça do terno era muito social frente às botinas e às calças jeans de meus interlocutores. Foi aí que tive de explicar meu drama de tempo e percebi claramente que contando minha história consegui despertar a empatia necessária naquelas pessoas, que, depois daquela primeira vez, sempre me lembravam de como eu tinha me vestido de maneira "chique" para aquele ambiente.

A roupa, além de ser uma forma de se comunicar, é considerada também uma estratégia de individualização, por mais que a moda possa parecer "igual".

A busca constante de realizar esse desejo de individualização é citada pelo filósofo e sociólogo francês Gilles Lipovetsky (2004) como algo que ocorre a partir da Idade Média nas classes superiores, surgindo assim o que ele chamou de

> signos que revelam essa conscientização até então inédita de que os indivíduos – sendo portadores de identidades subjetivas – sentem vontade de expressar sua singularidade individual e de exaltar sua individualidade.

Para provar suas teorias, Lipovetsky (2004) cita "a preocupação de marcar a identidade daquele que fala no próprio surgimento das autobiografias, do retrato e do autorretrato muito re. Lipovetsky ainda cita a iconografia do *Juízo Final, o livro da vida*, os temas macabros, os testamentos e as sepulturas personalizadas da segunda etapa da Idade Média como signos que confirmam a preocupação de ser si próprio e de cada um promover sua identidade. Foi devido a essa vontade de expressar a identidade pessoal e de se mostrar um sujeito singular que, segundo ele, "pôde pôr-se em movimento a lógica proteiforme da moda", que quer dizer que a moda muda frequentemente (como Proteu, deus da mitologia grega).

No interessante artigo, reproduzido pela Facultad de Diseño y Comunicacion da Universidade de Palermo, na Argentina, de Paula Garcia Lima, "Moda, identidade e comunicação", lemos: "A moda é uma forma de mesclar a vontade de sociabilidade e de individualidade das pessoas". Na verdade, como se diz, queremos parecer com nossos amigos, mas não queremos ser clones!

Riesman diz que o produto mais procurado hoje não é nenhuma matéria-prima ou máquina, mas uma personalidade. Atualmente, as pessoas estão mais preocupadas em mostrar quem são e a que vieram. Por meio das roupas e da moda elas querem aparecer de forma diferente das demais, desejam ser aceitas na sociedade, mas não serem enterradas nela. Lipovetsky (2004) descreve as sociedades primitivas como conservadoras, e afirma que por isso impediam o aparecimento da moda, uma vez que esse fenômeno estaria ligado a um certo desprezo ou desinteresse pelo passado.

Paula Garcia ainda complementa sua transcrição com a menção ao livro Moda e comunicação, de Malcolm Barnard, professor assistente de História e Teoria da Arte & Design da Universidade Derby, na Grã-Bretanha, onde diz que "a moda e a indumentária são maneiras pelas quais as pessoas podem diferenciar-se e expressar singularidade" (LIMA, 2011). Ele ainda diz que, "ao combinar peças de roupa diferentes e de tipos diferentes, pode-se efetuar uma vestimenta individual e deveras única" (BARNARD, 2003).

Outro aspecto que gostaria de frisar nesta discussão é a forte crítica de Lipovetsky à descartabilidade do pós-modernismo, que – o que é ainda pior – atinge até as relações entre os indivíduos.

Baseando-se no conceito da moda como uma maneira de se comunicar com o outro e como busca constante do desejo de concretizar a individualização e expressar-se de modo singular, e na crítica à descartabilidade, que adquire uma dimensão significativa neste mundo de excessos e luta por atingir um conceito de sustentabilidade, a filosofia que sustenta a visão de Cristina Guardia mostra-se extremamente adequada

para o momento atual, haja vista seu slogan: "Vestir-se bem é vestir a alma".
Então, com a palavra, Cristina Guardia.

Por trás desse slogan, quero expressar uma maneira de pensar que vem de uma profunda reflexão e de minha vivência como mulher e como profissional.

Atuando no setor de moda há 22 anos, tenho um razoável conhecimento desse mercado e, mais do que isso, tenho vivido e trocado experiências com minhas clientes, várias delas clientes desde que comecei minhas atividades.

Como mulher, mãe e empreendedora, sei quanto é trabalhoso desempenhar tantos papéis e ter sucesso simultaneamente em vários deles. Essa é a mulher contemporânea. Essa é a cliente Cristina Guardia. Mulher guerreira que, como a flor de lótus, tem uma grande capacidade de resiliência, de luta e de superação, que dorme no lodo e desabrocha a cada manhã com sua beleza e pureza.

Hoje, passamos por uma profunda revisão de valores que, por menor que seja seu impacto, posso sentir na grande maioria de minhas clientes na forma de novas atitudes que começam a tomar lugar na vida delas.

Em minha forma de ver, cada vez menos teremos lugar para a "moda descartável", como cita Lipovetsky. Chegou o momento de dizermos "não" aos excessos, à temporalidade descartável, à insustentabilidade e ao desperdício. Esses conceitos são os que norteiam o meu trabalho hoje, onde desenvolvo e garimpo constantemente produtos de qualidade e durabilidade, sem abrir mão do conforto, da beleza, do charme e do estilo "Cristina Guardia" de se vestir.

O objetivo desse trabalho é tornar a roupa uma ferramenta de comunicação da alma dessa mulher guerreira, resgatando sua identidade e impregnando sua marca, como ser único. Assim, ela pode se expressar de forma mais segura e confiante, tornando-se mais bela, independentemente da ditadura da beleza e da fugacidade da moda que nos são impostas nos dias de hoje. Esse jeito de se vestir, baseado no respeito a sua essência, contribui, de maneira significativa, para um melhor desempenho em todos os papéis em que atua. Portanto, meu trabalho é vestir a "alma" de cada mulher, e é com base nesse conceito que construo o que é vestir-se bem.

Ora, se notarmos o trabalho da estudiosa gaúcha Doris Treptow, que, em 2003, lançou *Inventando moda: planejamento de coleção* e que atualmente faz mestrado em Moda no Savannah College of Art and Design, nos Estados Unidos, poderemos verificar como Cristina Guardia está adiante de seu tempo na medida em que Treptow traça um cenário para o futuro da moda, apostando no fim da fidelidade a marcas e na valorização cada vez maior do estilo pessoal. O consumidor cria seu visual com liberdade, combinando peças de diferentes marcas, buscando expressar sua identidade. Ela cita como exemplo a customização, que é a interferência do usuário para introduzir alterações na roupa que a personalizem e a tornem única.

Cabe aqui citar que o conceito "Cristina Guardia" é fruto das vivências que ela mesma teve em uma viagem à Índia, durante a qual o contato com a flor de lótus tocou fundo sua alma e culminou com uma reflexão sobre sua missão de vida, que consequentemente influenciou o propósito de sua empresa como ferramenta de expressão da alma.

Eu, Cristina, como todas as pessoas que passam por momentos difíceis, pude perceber que, através da roupa, de me vestir, me maquilar, conseguia levantar minha autoestima e contatar minha força de guerreira, acessando uma postura de resiliência para enfrentar fatos da vida que não eram fáceis.

Por isso mesmo tenho plena convicção de que o que fiz comigo e o que faço para ajudar as mulheres guerreiras de nossos dias pode, sim, ser uma ferramenta que acessa as profundezas da alma, e a roupa passa a ser algo importante para qualquer mulher de nossos dias.

Você, leitora, sabe, ao se olhar no espelho e se convencer de que está bem arrumada, quanto isso pode se refletir em seu processo de automotivação e quanto pode influir na qualidade de seu dia!

O economista americano Daniel Hamermesh, professor da Universidade do Texas e da Universidade de Maastrich, na Holanda, em recente entrevista concedida à revista *IstoÉ Dinheiro* comentou a publicação de seu primeiro trabalho sobre a beleza no ambiente corporativo, baseado numa pesquisa realizada com a ajuda de um grupo, formado por quatro pessoas, que classificaram fotografias de 4.400 recém-formados de uma faculdade de Direito em cinco categorias, que iam do feio ao belíssimo.

Periodicamente, esses ex-alunos informavam seu nível salarial à faculdade e, a partir dessa base, foi possível determinar uma forte correlação entre beleza e rendimentos. "Esse fato já está cientificamente comprovado: gente bonita ganha melhor. O que estamos estudando, agora, é como isso está ocorrendo em diferentes profissões e o que produz esses efeitos", afirmou Hamermesh.

Por outro lado, a beleza também pode causar constrangimento no ambiente machista, como é o caso de uma cliente que se queixa de seus interlocutores da área de investimento: "Enfrento uma certa dificuldade para me levarem a sério profissionalmente porque sou bonita".

Por isso mesmo, as mulheres precisam ter uma real ideia da "mensagem comunicada" a seus pares no trabalho e nas relações com clientes, por exemplo. A roupa precisa estar absolutamente alinhada com o discurso; a imagem e a mensagem que querem passar devem ser congruentes. E, claro, além da roupa, a maquiagem e até o perfume influenciam no que ela pretende comunicar.

Usar roupas curtas no ambiente de trabalho ou que incluam decotes generosos para valorizar o busto ou roupas justas para evidenciar as curvas certamente está comunicando algo mais, e isso independentemente do nível social e econômico.

Segundo Cláudia Matarazzo, consultora de etiqueta e comportamento, a beleza ou a ausência dela são cruciais. "Você leva apenas 20 segundos para formar sua impressão sobre uma pessoa. Dentro dessa impressão, a imagem representa 60%. Depois, vem o tom de voz, com mais uns 30%. Nos 10% que faltam está o restante dos aspectos". Se boa, essa primeira impressão certamente pode "mascarar qualidades ruins da pessoa", complementa ela na mesma matéria da *IstoÉ Dinheiro* citada anteriormente, que discorreu sobre a beleza das executivas.

Portanto, é importante que a mulher esteja bem consciente da imagem que quer transmitir e que tenha absoluta congruência com sua identidade para não parecer artificial. Por outro lado, deve ter o cuidado de atender, com uma só roupa, aos vários públicos com que interaje em seu dia a dia, como a chefia, funcionários, subordinados e principalmente as próprias mulheres que a cercam em todos os níveis, pois essas sim a observam e tentam ir fundo no que está querendo ser transmitido.

Muito provavelmente, nossa leitora tem de estar bem vestida desde a manhã até a noite, muitas vezes sem tempo de voltar para casa, com o trânsito caótico, para mudar de roupa antes de ir a um coquetel ou a uma reunião na escola dos filhos.

"Por isso mesmo acho fundamental alguns truques que a mulher pode utilizar como ter no porta-malas do carro um salto mais alto, uma carteira para substituir a bolsa grande e um lenço elegante para pôr no pescoço à noite. Esses acessórios podem deixar a mulher pronta para uma atividade mais social em poucos minutos e com um ar de frescor", afirma Cristina Guardia.

DICAS DE CRISTINA GUARDIA PARA VESTIR-SE BEM

A roupa é uma forma de expressão. Por isso, fique atenta ao que vai usar, pois é o que irá comunicar.

Customize o seu visual não se prendendo a marcas, podendo assim expressar realmente a sua essência e seu "jeito único" de se vestir.

Em momentos em que o caos está presente em sua vida, tome um bom banho e se "produza", com tempo para o cabelo, maquiagem e acessórios. Você verá como isso pode funcionar como uma ferramenta para você lidar com mais um dia de turbulência.

Use e abuse das cores, onde e quando possível. Veja:

- amarelo: estimula a intuição, bem como ajuda na comunicação e transmite alegria;
- azul: reduz o estresse, diminui o apetite e acalma, trazendo tranquilidade;
- laranja: aumenta o apetite, estimula a conversação e aumenta a disposição;
- branco: traz serenidade e purifica a mente;
- verde: cor da cura. Diminui o estresse, equilibra as emoções, aumenta a autoconfiança e a autoestima;
- cinza: estimula a criatividade, produz sensação de equilíbrio e estabilidade;
- preto: favorece a autoanálise;
- violeta: estimula a inspiração e a imaginação, reduz medos e diminui a irritação;
- marrom: aumenta a vitalidade e inspira conforto e segurança;

- rosa: traz calma, paciência, otimismo e bem-estar;
- vermelho: para usar quando deprimida, estimula a sexualidade.

Lembre-se sempre: menos é mais. A elegância está na simplicidade. Use roupas que você possa "carregar", que estejam de acordo com a sua essência. Exemplo: não use um salto se não consegue caminhar elegantemente com ele. Prefira um casaquinho se não consegue "carregar" uma pashimina.

Use sempre uma leve maquiagem para valorizar sua expressão, fazendo uso do rímel, batom e blush. Cuide de seu cabelo, lembrando que cabelo mal arrumado pode destruir qualquer roupa, independentemente do quanto você pagou por ela. Se o cabelo não estiver bom, não hesite em prendê-lo.

Tenha sempre em sua nécessaire lenços removedores de esmalte. Nada pior do que unhas com esmalte descascado! Os sapatos têm tempo de validade, cuidado para não ultrapassá-lo! Os acessórios dão sempre um toque de feminilidade e valorizam qualquer roupa, transformando seu visual básico em algo personalizado e diferenciado.

Fragrâncias delicadas marcam sua personalidade, tornando-a mais feminina. Cuidado com perfumes doces, florais e que deixam seu rastro nos elevadores. Jamais use-os nas mãos, ninguém quer carregar seu aroma, a não ser seu amado.

Opte por adquirir roupas atemporais, de qualidade, evitando a moda descartável. Conforto é essencial. Tenha cuidado ao comprar a roupa para que ela esteja adequada a seu tamanho. Atenção às roupas muito justas! Elas eliminam a elegância.

Busque ajuda de um profissional especializado, caso sinta necessidade. E cuidado com as vendedoras preocupadas apenas com a venda.

CAPÍTULO 19

MENOPAUSA?
REVEJA SEUS CONCEITOS

> *Não somos nosso corpo em carne e osso,*
> *somos o que sentimos e vemos de nosso corpo.*
> J. D. Nasio
> Psicanalista e autor argentino

Quando me proponho fazer uma reflexão sobre os papéis da mulher e o desenvolvimento de sua carreira profissional, é impossível tratar desses assuntos sem levar em conta as peculiaridades do período da menopausa e a partir daí incluir a questão de sua aposentadoria no processo de planejamento de sua carreira.

Vivemos um momento único, em que a medicina, apesar de categorizada como reducionista por muitos, entre os quais me incluo como paciente, presta uma grande ajuda tecnológica, o que leva essas duas questões – menopausa e aposentadoria – a sofrerem um forte impacto nos anos que estão por vir.

Para muitas mulheres, a menopausa é considerada quase uma punição, na medida em que se sentem "menos" diante de algo muito concreto que é o término de sua capacidade reprodutiva, insinuando que a "velhice" está batendo a sua porta.

Essa fase é marcada principalmente pelas alterações hormonais, o que torna necessário tomar maior cuidado e realizar consultas regulares com o ginecologista, além de outros especialistas, como o cardiologista. Podemos definir a menopausa como o fim do período reprodutivo da mulher, que muitos chamam de climatério. Em geral, se dá entre 45 e 55 anos. Seus sintomas, na maioria desagradáveis, são o fim ou o aumento do ciclo menstrual, calores e dores musculares, entre outros. Esse momento é uma verdadeira encruzilhada, e o médico poderá indicar uma terapia de reposição hormonal buscando melhorar sua qualidade de vida e aliviar os desconfortos dessa fase.

Cada qual dentro de sua linha, podem-se encontrar alternativas fitoterápicas ou alopáticas. Já vi médicos tradicionais terem de aceitar fitoterápicos dada a propensão ao desenvolvimento de tumores em certas mulheres. Realmente é uma fase difícil, e o tratamento exige um período de adaptação da mulher, em função de efeitos colaterais no início e da dificuldade de acertar a sintonia fina da qualidade e da quantidade do hormônio a ser administrado.

Os hormônios são substâncias químicas produzidas por um grupo de células numa parte do corpo e secretadas na corrente sanguínea, para controlar ou ajudar no controle de outras células, em várias partes do corpo. No período da menopausa, os dois grandes atores são a progesterona e o estrógeno.

A progesterona é um hormônio essencial para a vida, pois mantém o revestimento do útero e é fundamental para o desenvolvimento do bebê. Quando sua secreção aumenta, há a diminuição do estrógeno, que está diretamente ligado à ansiedade, ao passo que a progesterona tem um efeito calmante. É importante notar que o estrógeno gera retenção de líquidos enquanto a progesterona tem efeito diurético. As variações hormonais se iniciam muitos anos antes de a menopausa efetivamente se instalar. Estudos demonstram que 15% das mulheres passam ao largo das sensações da pré-menopausa, 30% têm algum desconforto e de 50% a 60% podem ter desconforto uma vez ou outra.

Segundo a dra. Louann Brizendine (2007), em seu já citado livro, *The female brain*, o cérebro feminino começa a ser menos sensível ao estrógeno por volta dos 43 anos de idade, gerando uma variedade de sintomas que podem flutuar mês a mês e ano a ano, incluindo desde calores repentinos e dores nas juntas até ansiedade e depressão. Os cientistas atualmente acreditam que a menopausa é desencadeada pela alteração da sensibilidade ao estrógeno dentro do próprio cérebro, o que pode ocasionar uma mudança radical no desejo sexual.

Estudos demonstram que a resposta sexual varia muito de uma mulher para outra nessa fase. Das mulheres entre 42 e 52 anos, 50% perdem seu interesse sexual, sentindo seu orgasmo menos frequente ou menos intenso. Isso está relacionado à testosterona, que pode sofrer 60% de decréscimo, se comparada com a idade de 20 anos. Outra questão crucial dessa fase é que as mulheres começam a ter um sono superficial, o que as leva a acordar facilmente várias vezes durante a noite.

Temos de considerar que quando a mulher vai chegando a seus 40 anos passa a ter uma diminuição de sua produção de hormônios, e isso ocorre exatamente quando passa a ter posições de comando mais importantes dentro das organizações, além é claro de ter de cuidar de seus filhos e do marido, e muitas vezes, nos dias de hoje, passa a entrar no momento decisivo de ter filhos ou não.

As alterações de humor tornam-se mais frequentes e, como mencionado acima, a possibilidade de ansiedade e de depressão aumenta. Nesse momento torna-se fundamental o acompanhamento das funções da tireoide, porque essa é a época em que podem se manifestar alterações significativas, prejudicando a produção de cortisol, fundamental para a resposta aos fatores de estresse. Por outro lado, há um aumento na produção da adrenalina pela glândula suprarrenal, também produzida pelo processo de estresse, elevando o nível de irritabilidade. Disso decorre a dificuldade em lidar com as pessoas no ambiente profissional e no ambiente familiar.

Por todos esses fatores é importante que ao longo da vida, mesmo aquelas mais novas, busquem ter um médico clínico de confiança. Assim, quando essa fase chegar, você terá, além de um médico, um amigo de confiança com quem poderá dividir seu desconforto e buscar ajuda, e não apenas ter um médico "cientista" que a vê como um conglomerado de hormônios ambulante.

Mas nem tudo está perdido. Nessa fase, se houver um olhar pautado pela antroposofia,[2] por exemplo, quando chegamos perto dos 40 anos, de repente temos o impulso de nos fazer indagações existenciais, o que trará uma enorme riqueza a nosso processo de desenvolvimento e autoconhecimento. Surgem questões importantes, como: "quem sou eu realmente?", "qual é o propósito da vida?", "o que fiz de minha vida até aqui?", "era isso que eu queria realmente?", "o que me dá satisfação hoje?", "quais são meus valores?", "sou congruente?". Assim, estamos reavaliando nossa identidade e nossos valores. É um momento em que os relacionamentos são fortemente questionados, e, se não tivermos uma base sólida, tendemos à ruptura.

As mulheres, no entanto, podem iniciar esses questionamentos já ao redor dos 35 anos. No plano profissional, podem ocorrer algumas mudanças. Há um grau maior de

---

[2] A antroposofia, do grego, "conhecimento do ser humano", introduzida no início do século XX pelo austríaco Rudolf Steiner, pode ser caracterizada como um método de conhecimento da natureza do ser humano e do universo, que amplia o conhecimento obtido pelo método científico convencional, bem como sua aplicação em praticamente todas as áreas da vida humana.

sensibilidade, e a mulher começa a se mostrar mais flexível para delegar atribuições e se sente estimulada a trabalhar em equipe.

Nessa fase há a grande oportunidade de aceitar o desafio de iniciar um processo de autodesenvolvimento, estimulando o grupo, ou então a mulher pode se tornar mais competitiva, o que gerará desgaste no grupo. É hora de convocar a autoconfiança e perceber do que você realmente é capaz. Aquilo que faltar, com serenidade vá buscar com a ajuda de profissionais, sejam mentores, coaches ou terapeutas.

Já em pleno processo de menopausa, a mulher na visão da antroposofia tem uma retração de seu sistema rítmico, mas em compensação tem uma elevação no amadurecimento espiritual. Nessa fase, ela pode sim ganhar mais autoconfiança e com isso aumentar sua capacidade para ensinar seus colaboradores e dar vazão a seu processo criativo.

É um período em que se abre uma grande janela de oportunidade para um olhar com mais aceitação de si mesma e, consequentemente, do outro. É aí que a flexibilidade pode tomar o lugar da rigidez de conceitos iniciados na adolescência e solidificados na fase adulta. Por outro lado, esse é também o momento de se reconectar com a mulher que ficou perdida por conta da criação dos filhos. Como não há mais a preocupação de engravidar, pode haver uma reaproximação com o companheiro e, ao contrário do que muitas pensam, dada a diminuição dos hormônios, essa fase pode significar um novo impulso psicológico e desembocar numa sexualidade madura que permite uma plena realização. Além disso, o sexo pode se transformar numa ferramenta de conexão espiritual e trazer o sentimento pleno de liberdade e do encontro de almas, que vai muito além da estética do corpo e entra no que é a verdadeira intimidade e comunhão do casal.

Nossa realidade depende de como olhamos o mundo, e assim, o modo como você vai encarar essa fase da menopausa estará diretamente ligado à maneira como você encarou e encara a vida, às escolhas que fez, a seus valores e crenças, bem como às lições que aprendeu até aqui. Chegou a hora de colher com sabedoria o que plantou.

Se você, leitora, optou por uma carreira profissional, deve se preparar, se possível desde cedo, para essa fase. Se já está trabalhando nessa fase e não se preparou anteriormente, lembre-se de que agora a ansiedade e a inexperiência têm de ceder espaço para a maturidade profissional e a experiência vivida, que não pode ser transferida para ninguém. No entanto, continue sempre aberta e flexível para aprender, pois isso nos acompanhará pelo tempo em que estivermos vivos.

E, antes mesmo de chegar nessa fase, seria aconselhável começar a pensar em sua aposentadoria e ter uma visão de seu futuro, o que vamos tratar no próximo capítulo.

* * *

DICAS

- Cuide da gangorra hormonal e do excesso de peso: com o passar dos anos, surge a dificuldade de eliminar o excesso de peso. A atenção deve ser redobrada porque os quilos extras podem estar relacionados a doenças como hipertensão e diabetes, entre outras.
- Faça exercícios regularmente, quero dizer, três vezes por semana, durante 45 minutos.
- Agite seu corpo: use a escada ao invés do elevador. Quando precisar de algo, levante e pegue. Guarde o carro e ande a pé. Os exercícios evitam a flacidez, o acúmulo de gordura, melhoram a função dos sistemas cardiovascular

e respiratório, além de liberarem endorfinas e a serotonina, responsáveis pela sensação de prazer. Despreze a cadeira, o sofá e saia da frente da televisão para aproveitar a vida!
- Cuide da beleza: pinte o cabelo, faça um corte para rejuvenescer, em vez de usar o "padrãozinho". Seja ousada, mas com bom senso. Use maquiagem com moderação, pois deixa o rosto mais alegre e aumenta sua autoestima.
- Cuidados extras: é hora de fazer periodicamente seus exames de diabetes, triglicérides, colesterol, tireoide e hipertensão. A hipertensão, o aumento dos níveis de colesterol e o diabetes são muito frequentes após os 50 anos. As doenças cardiovasculares (infarto, derrame, trombose e AVC) são a principal causa de morte tanto em homens como em mulheres. Por isso, é fundamental a medição da pressão e o controle do colesterol e da glicemia (açúcar) pelo menos uma vez por ano, pois quanto mais cedo qualquer alteração for diagnosticada, muito menos traumático será o tratamento.
- Cuidado com o açúcar e o sal consumidos diariamente!
- Osteoporose: alguns médicos poderão pedir exames de densitometria óssea para acompanhar o risco de osteoporose, que tem uma incidência maior depois da ausência de menstruação. Há que se notar que a perda da massa do osso ocorre lenta e progressivamente, aumentando com a idade e tornando-se mais grave após os 70 anos. Daí a necessidade de exercícios para a musculatura e a complementação com ingestão de cálcio. Por isso, é importante uma alimentação adequada.
- Use cremes hidratantes diariamente, pois na menopausa a pele fica mais seca, sem brilho e mais sensível à ação dos raios solares. O sol passa a ser um fator de risco. Doenças como câncer de pele, desidratação e o aparecimento de manchas escuras tornam-se mais frequentes. Restringir o

tempo de exposição ao sol é fundamental. Prefira os horários que você já sabe serem os mais adequados e que muitas vezes você não gosta!
- Use protetor solar diariamente. Consulte seu dermatologista e peça orientação.
- Faça sauna periodicamente, com o cuidado de hidratar a pele.
- Faça massagem periodicamente. É uma forma de você entrar em contato com seu próprio corpo e tomar consciência de sua respiração. Além do mais, relaxa a musculatura, trazendo uma sensação agradável.
- Cuide de sua mama fazendo exames periódicos. É a causa mais frequente de morte por câncer na mulher, embora existam meios de detecção precoce muito eficientes, como os exames clínicos, autoexames, mamografias e ultrassonografias. Toda mulher deve aprender a fazer o autoexame, podendo assim detectar qualquer alteração nas mamas. Caso haja histórico familiar, a atenção deve ser redobrada. Alguns ginecologistas adotam a prática de pedir a ultrassonografia de mamas para mulheres com menos de 40 anos. Já a mamografia é recomendada após essa idade, apesar de ainda haver divergências entre os médicos sobre deixar esse exame para mais tarde. A Sociedade Brasileira de Mastologia e a Federação Brasileira das Associações de Ginecologia e Obstetrícia indicam que esse exame seja feito anualmente após os 40 anos. Já o Ministério da Saúde orienta o procedimento a partir dos 50 anos. Mais uma vez, lembro minha sugestão de você desenvolver uma relação de confiança com seu médico, que poderá dar a orientação adequada.

Vale lembrar alguns fatores que aumentam o risco para mulheres com idade acima de 50 anos:

- história própria ou familiar de câncer de mama;
- não ter tido filhos;
- exposição significativa a raios X por qualquer razão;
- primeira menstruação muito precoce;
- menopausa tardia;
- primeira gestação após os 30 anos;
- dieta rica em gorduras;
- uso prolongado de anticoncepcional oral, embora essa opinião ainda não esteja comprovada.

Tenha planos, metas. Estabeleça alguns objetivos de curto e de longo prazo. Volte a estudar línguas, artes, o que lhe agradar, mas ocupe seus dias e mantenha o cérebro sempre em atividade. O cérebro, assim como as demais partes do corpo, precisa de exercícios. Ler, fazer palavras cruzadas, estudar, tudo isso mantém nossa memória em dia e evita o esquecimento.

Treine seu cérebro e exercite a memória! Estude, leia, jogue novos jogos, como sudoku, e aprenda coisas novas. Faça cerâmica, aprenda a pintar, faça algo que lhe dê prazer, num momento só seu. Assim você estará ativando áreas novas do cérebro e estimulando sua criatividade.

Cuide da sua visão! Depois dos 40 anos, nossa visão começa a sofrer modificações, obrigando as pessoas a usarem óculos, principalmente para ler de perto. Meu oftalmologista apostou e ganhou a aposta prevendo que aos 40 anos eu precisaria de óculos para leitura! Tenha também um oftalmologista de confiança.

CAPÍTULO 20

SABER A HORA DE MUDAR O RITMO, PARAR NUNCA!

Trabalhe naquilo que gosta e você nunca mais trabalhará um dia na vida.

Confúcio

Lembro-me perfeitamente de que, quando era criança, aos 5, 6 anos de idade, meu pai sempre dizia:
– Agora, chegando aos 40 anos, a vida começa na farmácia!
Naquela época, 40 anos já era o momento de muita gente se aposentar no Brasil, e, ainda hoje, encontramos muita gente dessa faixa etária pendurada na Previdência.

Até poucos anos atrás, quando se falava da população brasileira, sempre se falava que o Brasil era um país de jovens, porém essa realidade vem se modificando lentamente. Veja os gráficos a seguir:

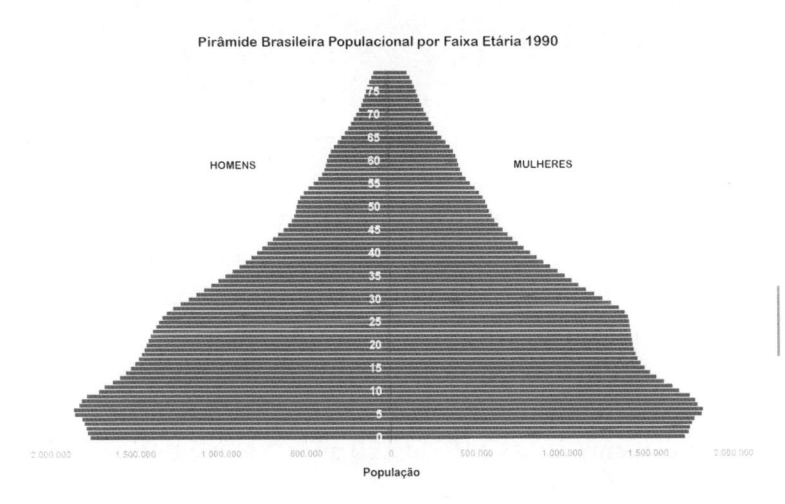

Pirâmide Brasileira Populacional por Faixa Etária 1990

HOMENS · MULHERES

População

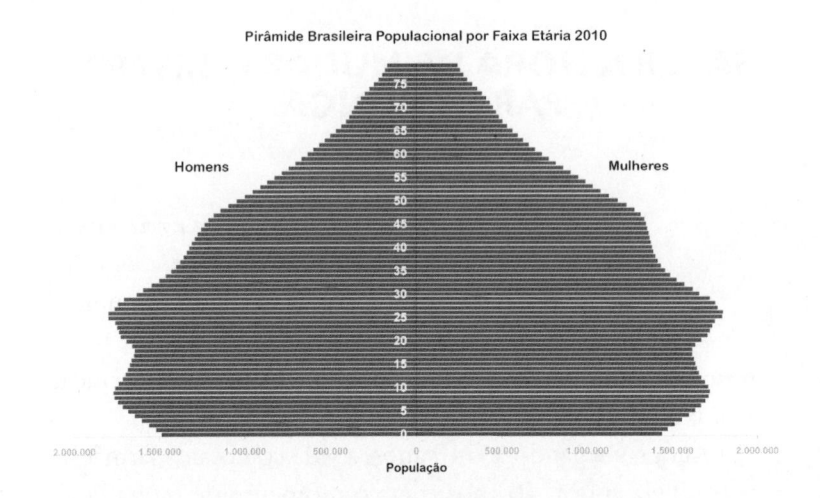

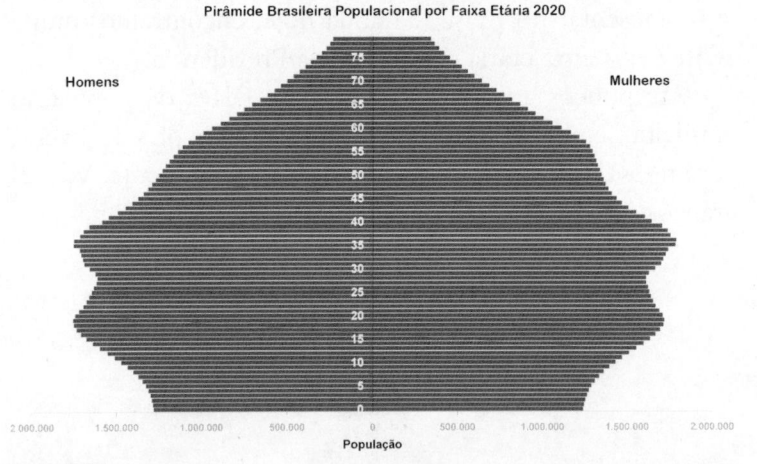

Pirâmide Brasileira Populacional por Faixa Etária 2010

Pirâmide Brasileira Populacional por Faixa Etária 2020

Fonte: IBGE

A expectativa de vida do brasileiro vem crescendo paulatinamente não somente pela aumento da qualidade de vida, mas também com a ajuda dos enormes avanços da medicina e das pesquisas sobre uma série de doenças.

Recordo-me de uma ocasião em que Deepak Chopra falava categoricamente: "Deus nos deu um aparato para viver tranquilamente até os 110 ou 120 anos". Nós é que cometemos um pouquinho de suicídio diariamente, não respeitando nossos limites, não cuidando da saúde e da alimentação, bem como de nosso espírito.

Acho até curioso alguns hábitos enraizados em nossa cultura e com extremos que chegam até a defender a maconha como droga legal ou que um "baseadinho" no fim de semana não traz nenhum problema. Na verdade a questão é mais profunda: afinal, o que faz o indivíduo ter motivação para tal?

Ainda na linha do suicídio, vêm a Coca-Cola no café da manhã, comidas pesadas à noite, baladas intermináveis nos dias de semana e por aí vai. Não estou aqui fazendo apologia ao fim dos refrigerantes, do McDonald's etc. O problema é que a exceção acaba virando regra!

Aposentar-se, hoje, tem um significado completamente diferente daquele que nossos pais viveram. Nos últimos 20 anos, mudanças significativas na maneira de encarar a aposentadoria vêm criando novos paradigmas e novas propostas de como usufruir dessa fase sem se tornar improdutivo.

A aposentadoria é um tema que vem ganhando destaque na medida em que cresce o contingente de idosos e amplia-se a expectativa de vida, causando impactos diretos no sistema previdenciário, nos planos de saúde, nos hábitos de consumo e em setores importantes da atividade econômica, como entretenimento, viagens, moda, medicina estética e condicionamento físico.

Predomina no Brasil uma cultura de que ainda temos uma base demográfica preponderantemente jovem. Para essa cultura, o indivíduo próximo dos 60 anos é visto como velho e, o que é pior, essa faixa etária passa a ser descartada no mercado de trabalho. No ambiente corporativo é comum se aposentar aos 60 anos para dar espaço para os mais jovens!

O problema é que os executivos, que em sua grande maioria se preocupam apenas com a reserva financeira e não têm tempo para pensar em seus reais propósitos de vida, acabam na maioria das vezes tornando-se aposentados inativos ao assumir a postura de quem "já cumpriu com a obrigação". Realmente estão passando para si um atestado de óbito antecipado.

Por sorte, eu, que já caminho para esse grupo de "idosos", fico feliz em ver que essa visão começa a mudar e que a grande responsabilidade da mudança está nas mãos daqueles que estão envelhecendo. É notório que a grande maioria dos indivíduos com 60 anos tem plena capacitação física e mental para desenvolver atividades com base em seus talentos, habilidades e experiências pessoais e profissionais.

Não posso deixar de lembrar-me de mulheres incríveis, como uma colega de prática de ioga que tinha uma atuação melhor do que a minha com seus 91 anos de idade. Nesse momento, tenho uma colega de academia no clube, uma senhora com 90 anos, que faz musculação, e outra, de 89 anos, que é voluntária no hospital Darci Vargas, que atende crianças com câncer aqui em São Paulo.

Fico me perguntando: o que essas mulheres têm de diferente? A resposta é simples: primeiro uma elevada autoestima e depois um sentido, um propósito na vida. Reconhecer seu propósito na vida é, em geral, algo difícil, porque, além de não termos tempo nem dedicação para essa descoberta, precisamos sentir e pensar com o coração. Como afirma Stephen Covey, escritor e pensador norte-americano, "nós não inventamos nossa missão, nós a detectamos".

Já vi muitas clientes que se questionaram e creem que estão aqui apenas para o desempenho de alguns papéis, como o de mãe, para criar seus filhos, o de esposa, para satisfazer o marido etc. O propósito ou a missão é algo maior, é o guarda-chuva de seus papéis e está ligado ao próximo, é algo que nos transcendente.

"Sua missão pessoal de vida são todos os seus papéis e valores destilados em uma sentença ou duas que descreve o que você quer ser e realizar", afirma Smith (2000).

Mulheres com esse senso de propósito vão mais longe, vivem mais e com qualidade de vida, mesmo porque passam a ter uma razão, um propósito claro que justifica cuidar mais de sua saúde física e mental e saltar da cama para a vida em seu dia a dia. Com todas essas mudanças que estão ocorrendo, a mulher precisa refletir sobre o momento, não de parar, mas de mudar de ritmo.

Se for executiva, deve sim pensar no momento em que vai parar de trabalhar. Mas e depois? É importante pensar em quais atividades gostaria de se envolver, e essas devem ser a expressão de seus talentos, valores e propósito. E por quê? Porque esse passará a ser um momento em que você deve dar prioridade à sua satisfação e à realização plena do seu ser. Quando estamos alinhados com nossos talentos, valores e propósitos, conseguimos saborear a tão esperada felicidade. E quando você se encontrar nesse estado, poderá experimentar o que realmente é a excelência e então fazer a diferença.

Se você é uma empreendedora, precisa ter a coragem de estabelecer um plano com prazo para diminuir o ritmo de trabalho, valorizando mais o tempo para você, que já se dedicou a tantos papéis ao mesmo tempo e, na maioria das vezes, se colocou em último lugar na fila das providências.

Projetar um cotidiano com um ritmo mais calmo para saborear a vida é fundamental. Talvez alocar mais tempo para si, para os netos que já tem ou estarão por vir, para seu companheiro de vida, para a espiritualidade, para o próximo que poderá ser ajudado com a experiência ganha ao longo da vida. Sentir-se útil fazendo algo prazeroso.

Sem dúvida é uma fase muito delicada e de transição. Já estive ao lado de mulheres que se aposentaram como executivas e se sentiram muito vazias quando perderam o "sobrenome" da empresa para a qual trabalharam tantos anos. Na verdade, faltou o planejamento da transição e do "day after", o que pode levar a um estado depressivo e sem nenhuma necessidade, uma vez que esse momento pode ser planejado para acontecer com alegria e inaugurar uma das fases mais ricas de sua vida.

O ponto-chave é que você muitas vezes se coloca como heroína, quando não é, e também não precisa se sentir só. Nesse momento, é importante ter alguém com quem você possa planejar e vivenciar a nova fase, dividindo seus medos, angústias, projetos e sonhos.

A título de informação para você, leitora, já encontramos no mercado coaches com programas especialmente desenvolvidos para cuidar de casos de aposentadoria, um período que pode efetivamente ser muito rico e de grande realização para as pessoas. Uma verdade é irrefutável: todos nós envelhecemos e por isso temos de projetar essa fase para podermos nos sentir plenos e felizes na busca de continuar nos realizando na vida com outros papéis. Acho que a fase da aposentadoria é o momento em que temos de realizar nossos desejos, e nossos sonhos devem vir em primeiro lugar, gozando a tão desejada qualidade de vida.

Quantas mulheres conhecemos que têm um forte sentido de propósito e uma vida plena? Exemplos como o de Madre Tereza de Calcutá; ou de Dorina de Gouvêa Nowill, que faleceu com 91 anos em 2010 e a qual teve papel fundamental para o desenvolvimento da leitura em sistema braille no Brasil; ou ainda de Ruth Cardoso, que desenvolveu tantas ações sociais; além de um batalhão de mulheres que conhecemos ao nosso redor e que cumprem um papel que faz a diferença em seu círculo de relacionamentos.

Fica muito claro que, nessa fase da vida, alguns valores se reposicionam dentro da escala de cada um, e com certeza aquelas mulheres que experimentam a espiritualidade ou a transcendência ocupando lugar de maior destaque em sua vida demonstram maior sentimento de realização, dão vazão à amorosidade e se sentem mais dispostas e alegres com sua atuação.

Nesse momento é que podemos verificar que aquelas mulheres que não optaram por ser heroínas solitárias, e sim seres humanos normais, acabam por ter uma velhice repleta de amigos, netos e bisnetos que contribuem para seu querer viver.

Portanto, a busca de um ritmo menos intenso de atividades, respeitando os limites do corpo e exercitando a mente, deixando-a saudável, contribui de maneira significativa para se desenvolver mais os relacionamentos com as pessoas com base na amorosidade.

Nessa fase, é importante que você se coloque em primeiro lugar e busque fazer atividades que muitas vezes não se permitiu em outras fases da vida, uma atividade artística, como pintura, tocar um instrumento, fazer ioga, entre outras. Sempre é o momento de começar algo novo, de ser mais flexível e de se permitir cultivar a alma, dando um sentido de maior prazer à vida.

Enquanto ainda trabalham como executivas, as mulheres devem já a partir dos 40 anos começar a pensar nesse futuro e não adiar mais a conscientização de alguns pontos importantes, como seu propósito de vida e sua visão de futuro. Buscar uma visão clara da própria missão e dos próprios valores contribuirá para dar um direcionamento a suas atividades no futuro.

A fase da aposentadoria requer o "back to basics" – o momento da simplificação da vida, tão complexa por fatores externos e típicos do meio em que vivemos. É a hora do simples, do confortável, do prático, do objetivo e daquilo que dá prazer. É o momento crucial para cuidar da saúde física e mental, da alimentação, da prática de exercícios físicos e, claro, também desfrutar das economias para aquelas que puderam fazer um pecúlio ao longo da vida. Portanto, planejar o futuro como mulher aposentada requer uma visão de longo prazo que lhe permita direcionar suas ações de hoje para bem trilhar o caminho do amanhã.

Para tanto, é fundamental pensar no que você, executiva ou empreendedora, quer ter como atividades. Estas deverão ser baseadas em seus talentos já reconhecidos ou naqueles que você não se dedicou a explorar. Talvez esse seja um grande momento de aprendizado. Talvez seja a hora de tentar fazer algo que nunca tentou por falta de tempo ou porque era muito diferente da atividade ou do estilo de vida que levava antes.

Muitas clientes que tenho hoje já começam a pensar em desenvolver atividades de consultoria ou em ter um negócio próprio, aliado a valores como flexibilidade de tempo e autonomia de decisão. No entanto, o que pesa mais é a busca do equilíbrio entre a atividade profissional e a vida pessoal, grande dilema das heroínas de hoje.

CAPÍTULO 21

AFINAL, O QUE É SUCESSO PARA VOCÊ?

O sucesso na vida pode ser definido como a expansão contínua da felicidade, bem como a progressiva realização de suas metas.
Deepak Chopra

Julgue seu sucesso pelas coisas que você teve que renunciar para conseguir.
Dalai Lama

Meu pai faleceu em 2009, pouco antes de completar 87 anos. Foi um homem que, até os 80 anos, nunca parou de trabalhar e se esforçar. Nos últimos três anos de sua vida, pouco podia fazer fisicamente, já usando uma bengala e tomando insulina diariamente para controlar o diabetes. No entanto, sua cabeça nunca parou de funcionar em busca de resultados. Por várias razões, inclusive por ser taurino, cabeça-dura, dilapidou grande parte do patrimônio construído até seus 70 anos. Poderíamos dizer que foi o tipo de homem cujo nome era "trabalho".

Eu mesmo comecei muito cedo. Meu primeiro emprego formal, com salário e tudo mais, foi aos 12 anos, trabalhando na loja dele durante a tarde e às vezes à noite, e estudando pela manhã. Portanto, cresci num ambiente em que a cultura do "resultado proporcional ao esforço" fazia todo o sentido.

Em contrapartida, minha experiência de vida veio mostrar o avesso dessa crença. Em minhas vivências, além das experiências de conhecidos e principalmente com os meus clientes de coaching, cheguei à conclusão de que realmente a equação resultado = esforço não é tão simplista assim.

Momentos difíceis ficaram gravados em minha memória, nos quais meu esforço era enorme, tendo planejado e trabalhado duro 12, 14 horas por dia, sem ter nenhum resultado prático. Por outro lado, houve momentos em que, com um mínimo de esforço, consegui resultados espetaculares.

Nesse momento, não posso deixar de ser repetitivo e citar Deepak Chopra (2009), que diz: "Quando podemos experimentar a nossa vida como um milagre não ocasionalmente, mas o tempo todo, podemos realmente entender o significado de sucesso!". Portanto, o importante para você, leitora, é refletir sobre o significado de sucesso. Vivemos num mundo em que o saldo bancário ou o número de bens materiais conquistados representam o sucesso. Para outros, sucesso é o próprio caminho da realização de algo. Não quero parecer piegas, mas essa reflexão é muito importante.

Tenho um grande amigo que, ao longo de sua vida, construiu o que poderíamos chamar não de fortuna, mas de uma vida dentro de um padrão invejável para a maioria dos mortais. No entanto, teve de lutar anos a fio com idas e vindas a hospitais, até sua mulher vir a falecer. Hoje, resignado, afirma com toda convicção que sucesso é ter a casa cheia de amigos e pessoas que pode amar efetivamente. Não o impressiona nem um pouco a capacidade que tem de voar numa primeira classe e de fazer um bate e volta para Paris. Talvez o mais importante para ele seja a tranquilidade de sentar no Bar do Zé, no interior de Santa Catarina, e jogar conversa fora.

Outro dia mesmo um cliente chegou para uma sessão bastante revoltado. Vice-presidente ainda jovem de uma instituição financeira, tinha como modelo um desses bambambãs do mercado que ganham milhões de uma hora para outra e passa a ser "a referência". Ele foi assistir a uma palestra do tal executivo e tudo estava indo bem até o indivíduo dizer que quem quisesse atingir seu patamar deveria trabalhar 18 horas por dia e deixar as questões pessoais em segundo lugar.

Essas palavras desencadearam um processo muito forte de revisão de valores de vida e de postura profissional em meu cliente. Por sorte, como é uma pessoa que está aberta a se trabalhar, pudemos fazer uma reflexão profunda, após a qual ele concluiu o que seria sucesso para ele; claro, de maneira bem diferente do tal palestrante.

No meio corporativo, estamos cheios de símbolos diretamente ligados ao sucesso. Mordomias, helicópteros, restaurantes caros, viagens paradisíacas, carros importados na garagem, casamentos nababescos para as filhas queridas.

Outro dia ainda, brincava com um cliente inglês que está morando no Brasil há apenas um ano e mencionei que eles, os ingleses, eram os culpados de, em uma empresa que conheço, haver tanta competição entre os funcionários para ter o Land Rover mais novo e equipado. Claro que eu pessoalmente gostaria de ter um Land Rover. Muito provavelmente um dia o terei; no entanto, não vou me considerar com menos sucesso por não tê-lo. Com a competição exacerbada de hoje nas empresas, por mais que os resultados da pessoa sejam excelentes, uma vez atingidos, passam a ser apenas referência para uma nova estaca zero.

A cultura deste início de século é definida como narcisista por Christopher Lasch, cientista social americano, uma projeção de nossos próprios medos e desejos, dos objetos da produção industrial, bélica, artística etc., "não porque torna as pessoas gananciosas e agressivas, mas porque as torna frágeis e dependentes", dispara o sociólogo. Como superar a frustração de nos sentirmos um "mínimo eu", como sugere Lasch, se sequer podemos dividir essa angústia com alguém? Com quem você, leitora, dividiria esse sentimento?

Em nosso ambiente, é curioso notar como as mulheres executivas estão se portando de forma muito peculiar se comparadas com as de outros países. De acordo com recente pesquisa publicada no início de março de 2012, as executivas brasileiras são mais ambiciosas do que as suas colegas norte-americanas, segundo o Center for Work-Life Policy. O estudo desse instituto mostra que pelo menos 80% das mulheres com formação universitária no Brasil aspiram a posições de alta gerência, contra 52% das norte-americanas. O mais curioso é que 59% das brasileiras pesquisadas se consideram "muito ambiciosas", na comparação com 36% das norte-americanas. Outro aspecto importante da pesquisa é que 60% dos graduados nas universidades, que se transformam em força de trabalho ativa, são mulheres, e essa porcentagem mostra uma tendência de crescimento. Das mulheres universitárias casadas, 28% ganham mais do que seus maridos, no Brasil. É interessante notar que o estudo mostrou um percentual significativo de homens orgulhosos do desempenho de suas mulheres, porém em sua maioria optam por esconder que elas ganham mais do que eles.

Esse estudo mostra, por um lado positivo, o espaço que as brasileiras vêm ganhando no mercado de trabalho e sua importância nos processos de gestão. Da mesma forma como as mulheres norte-americanas, o estudo constatou que as brasileiras enfrentam barreiras para avançar em suas profissões, principalmente na falta de mentores para auxiliá-las em seu planejamento de carreira. Portanto, o estudo mostra algo preocupante: a aspiração que pode tornar-se exacerbada, junto com a falta de mentores, acabam transformando mais e mais mulheres em executivas, heroínas solitárias.

A proposta desta leitura é convidar você, mulher, a essa grande reflexão sobre o que é sucesso. Certamente a proposta é avaliar quanto o sucesso deve ir além da conta bancária, e levantar a questão de maneira mais ampla, considerando que sucesso pode ser a vivência de relacionamentos equilibrados, a capacidade de reconhecer os próprios talentos – aqueles que com um mínimo de esforço permitem que você obtenha o máximo de resultados – e as habilidades para fazer coisas que tenham grande significado em sua vida, como ajudar o próximo, compartilhando experiências, e que definitivamente a guie para uma vida com saúde, paz de espírito, e faça a diferença.

Tenho muito receio do que vem acontecendo nos dias de hoje, quando nossas heroínas solitárias entram num jogo de poder com os homens e sequer se dão conta de que estão sendo manipuladas. Quero lembrar o livro *Os tempos hipermodernos*, do filósofo Lipovetsky, no qual é retratada uma sociedade que chamo de "perversa", onde tudo se torna efêmero e fugaz. Nesse caso, Lipovetsky ganha destaque na medida em que foi um filósofo que iniciou suas reflexões adentrando o mundo da moda. Precisamos tomar cuidado com a moda descartável, com os celulares que mudam só de aparência e até com relacionamentos que se iniciam apenas para ver se vai dar certo. Assim, tudo passa a ser descartável, inclusive o ser humano, e acabamos nos tornando muitas vezes solitários.

O que importa aqui é que convido você, leitora, a ir um pouco mais fundo em suas reflexões, não só sobre o que é o sucesso, mas para perceber que não atingimos o sucesso, seja lá como o encare, em proporção direta ao esforço despendido.

Neste momento, você pode estar se perguntando:
– Mas, se não fosse assim, como poderíamos ter chegado aonde chegamos?

A superação é importante para o progresso da humanidade. Mas a pergunta que não se cala é: aonde chegamos? Temos uma sociedade baseada no que temos e não no que somos. Acabamos encontrando uma multidão de sonâmbulos que estão à mercê de movimentos e costumes que nem mesmo sabem quem os inventou. Porém, as questões básicas, como para quê servimos e como podemos ser úteis com nossa passagem por aqui, ficam relegados a segundo plano, e no nosso processo de envelhecimento podem ser a diferença fundamental entre a felicidade e a mediocridade.

Nossa cultura, queiramos ou não, está baseada em crenças muitas delas religiosas, segundo as quais o esforço nos levará ao Reino dos céus. Portanto, para atingirmos o sucesso, precisamos nos esforçar muito. Como já mencionei, porém, conheço inúmeros casos em que o sucesso foi alcançado com menor esforço, ao passo que momentos de esforço digno de super-heroínas trouxeram resultados muito aquém do desejado.

Há momentos em que a melhor coisa a fazer é não agir e mergulhar dentro de si, buscando a serenidade. Vivemos papéis e muitas vezes levamos a vida muito a sério. Temos de ampliar nossa capacidade de rir de nós mesmos e em muitos momentos poupar energia e observar os movimentos da vida. Para isso, precisamos treinar a serenidade, e ela pode fazer toda a diferença. Aí sim alcançar aquilo que você deseja, o que pode ser traduzido no que você define como sucesso e realização na vida.

Creio que estamos aqui para atingir nossa felicidade, compartilhá-la e realizar algo que faça diferença para nós e para os outros. Estamos aqui para nos desenvolver e contribuir. Esse é nosso processo de desenvolvimento. E estou certo de que o cosmos está preparado para nos dar aquilo que queremos, desde que coloquemos foco.

Foco é algo que a maioria de meus clientes reclama que não tem. Isso é facilmente compreensível uma vez que vivemos voltados para o mundo que está fora, no exterior de nós mesmos, e claro que isso dificulta entrarmos em contato com nosso mundo interior, repleto de sabedoria. Temos todas as respostas, e percebo claramente, como coach, quanto as pessoas têm respostas para suas perguntas. O que precisamos é somente ser estimulados a mergulhar em nossa interioridade.

Esse mergulho permite o que chamamos de autoconhecimento e assim podemos abrir a caixa-preta, que vem sem manual, e entender um pouco mais sobre nós mesmos e nossos mecanismos psicológicos e comportamentais.

Quando não nos conhecemos, fica mais difícil entender nossas limitações e as dos outros. Tornamo-nos mais críticos e exigentes conosco e com os outros e assim fica mais difícil obter aquilo que queremos, pois, em minha experiência, concluo que temos muitos mecanismos inconscientes que nos propiciam a autossabotagem e não nos deixam conquistar a plenitude daquilo que desejamos na vida.

Ainda bem que as mulheres são mais sensíveis e suscetíveis a mergulhar de cabeça em suas questões interiores e emocionais, muito mais do que nós, homens. Com isso, elas mais fácil e humildemente admitem suas limitações, que, uma vez reconhecidas, se tornam o primeiro passo para ser superadas e abrirem caminho para a realização dos seus sonhos.

Minha sugestão é que, com seus talentos e habilidades, você planeje e foque no que é valioso para você. O resultado é o ganho de tempo e de energia, além do sabor das próprias conquistas. Serenidade é a palavra-chave, sempre. Lembre-se de que sua mente está a seu favor, e não o contrário. Você é a maestrina de sua mente. Deixe o esforço maior para o universo, ele sabe responder a você. E o que é mais importante: você sabe que isso é verdade porque já deve tê-lo vivido algumas vezes na vida.

Faça seu esforço, faça sua parte e entregue. Seguindo uma antiga tradição Templária,[3] você pode repetir em voz

---

[3] A Ordem dos Templários é uma Ordem de Cavalaria criada em 1118, na cidade de Jerusalém, por nove cavaleiros de origem francesa, entre os quais Hugo de Payens e Geoffrey de Saint-Omer, visando a proteção

alta: "Eu quero, eu posso, eu mereço e eu me dou permissão para conquistar isto". Isso é quase mágico, além de expor muitas vezes o processo de autossabotagem. Merecer é algo importante. Seja gentil com você mesma e lembre-se de que muitas vezes a questão do merecimento está ligada a crenças instaladas ainda em tenra idade por nossos pais e mestres, e o pior é que, na maioria das vezes, sequer nos damos conta desses mecanismos.

Sonhe, crie, lute por aquilo que quer, planejando e pondo no papel. Estude as alternativas. Seja flexível para mudar, quando necessário. Se errar, avalie e busque outro caminho com um novo plano. Faça a sua parte e, como disse, entregue o resultado para o universo. Seja sustentável e ecológica com você mesma. Seja sustentável com aquelas pessoas que a cercam e que você ama, mesmo porque você merece.

Torço para que essas reflexões contribuam de alguma maneira para você conseguir aquilo que chama de sucesso e espero mesmo que você as compartilhe com aqueles com quem convive. Não caia na armadilha do sucesso dos outros. No fundo, na maioria das vezes, não tem nada a ver com você!

---

e a defesa dos interesses dos peregrinos cristãos na Terra Santa.

Conclusão

Chegando ao final deste livro, devo confessar que, se por um lado tenho certo frio na barriga, tenho de reconhecer que foi preciso contar com um pouco de ousadia e coragem para escrever para um público tão especial.

Não posso deixar de revisitar meu grande objetivo, que era compartilhar experiências com você, leitora, a partir de um ponto de vista masculino, de quem tem em sua maioria clientes mulheres e de quem, por circunstâncias da vida, teve mais convívio com mulheres do que com homens.

Porém, o que realmente pretendia, desde o início, era que o partilhar dessas experiências pudesse gerar uma reflexão sobre você mesma, até o ponto de eventualmente ajudá-la a ter uma visão distinta, sob alguns aspectos, de si mesma e de situações que viveu e que vive atualmente. Mudar essa perspectiva é um processo que não é terapia, mas poderá ter um efeito terapêutico.

Por outro lado, busquei induzir minha leitora a uma reflexão sobre a questão da solidão dentro do mundo do trabalho, que me parece ser um tema polêmico em alguma medida, mas que poderia ser interpretado como inerente à condição humana.

Utilizei a metáfora da heroína solitária para mostrar uma faceta que muitas vezes passa despercebida e faz com que as mulheres se coloquem por várias razões como sobre-humanas em sua vida pessoal ou profissional, o que desencadeia desequilíbrios e desarmonia e um consequente peso para sua saúde física, psíquica e espiritual.

Ao mesmo tempo, espero que, por algumas horas, tenha conseguido tirá-la do corre-corre do dia a dia, oferecendo-lhe a possibilidade de você pensar na pessoa mais importante de seu universo: você!

A esta altura, quero fazer uma provocação, independentemente de você ter gostado desta leitura ou não: quero incentivá-la a buscar a sua verdade, mesmo porque, como disse na introdução, "não tenho a menor pretensão de ser o dono da verdade". Vá fundo na busca do propósito e do sentido para sua vida, uma vez que somos sempre chamados para o mundo de fora e esperamos que as respostas estejam lá também. Lembre-se da citação de Hermann Hesse no início:

> Nada posso lhe oferecer que não exista dentro de você mesmo. Não posso abrir-lhe outro mundo, além daquele que há em sua própria alma. Nada posso lhe dar, a não ser a oportunidade, o impulso, a chave. Eu o ajudarei a tornar visível o seu próprio mundo, e isso é tudo.

Também não espero tê-la convencido de nada, mesmo porque não era essa minha ideia, mas sim ter gerado reflexões e muitas perguntas. Mergulhe de cabeça em seus valores, questione-os e busque refúgio em sua identidade, em sua essência.

Preferi lidar com algumas questões polêmicas que talvez a tenham desagradado. O importante é se consegui fazê-la refletir ou não. Se de algum modo este livro deixou-a incomodada, penso que isso é positivo, pois o que quero mesmo é que você busque sua verdade. De todo modo, busquei sempre comunicar-me com a melhor das intenções, para propiciar uma nova busca, com amorosidade e respeito por você.

Como pano de fundo, quis levá-la, ao longo desta leitura, na direção do sentir suas emoções na medida em que hoje, nesse ambiente muitas vezes hostil, até as mulheres se afastam do contato com suas emoções e deixam o lado racional prevalecer. Para sentirmos a serenidade que tanto buscamos, primeiro precisamos aprender a sentir nossas emoções.

A serenidade é algo fundamental para nossa tomada de decisões, para nossa saúde, e peça-chave em nossos relacionamentos. Estamos condicionados por nosso ego a ser reativos e explosivos. Isso só causa dor e arrependimento, além de nos estressar desnecessariamente. Sei o quanto é difícil, mas esse é nosso desafio rumo ao desenvolvimento. É fundamental entrarmos cada vez mais no processo de autoconhecimento, percebendo como reagimos diante dos contextos em nosso dia a dia.

Comentei sobre os perigos do estresse e do burnout e sobre as grandes características próprias das mulheres em sua forma de reagir ao estresse e lidar com ele.

Temos de aceitar nossas limitações para poder superá-las. E, no caso, proponho sua superação sendo gentil com você mesma, se amando e aceitando suas imperfeições como um caminho para seu desenvolvimento.

Para administrar o estresse é importante não querer controlar o mundo e também se colocar em primeiro lugar, ativando sua capacidade de olhar para si mesma, cuidar de sua saúde com uma atividade física regular e uma alimentação adequada, sem excessos.

Sobre o ambiente do trabalho, abordei a necessidade da amorosidade ao invés do medo, ao mesmo tempo em que identifiquei peculiaridades nas mulheres como líderes, que serão fundamentais para criarmos corporações mais humanas e respeitosas em relação aos ambientes interno e externo com os quais se relacionam.

Muito da insegurança das mulheres executivas tem sua origem na competitividade exagerada dentro de um ambiente machista que traz ranços da criação dos homens, bem como na falta de reconhecimento que se inicia no ambiente familiar e é perpetuada no ambiente escolar e mais tarde dentro do contexto empresarial.

Para sermos felizes e nos sentirmos bem no ambiente do trabalho, precisamos estar alinhados com nossos valores e exercer plenamente nossos talentos, que nos diferenciam como seres únicos. Todos nós temos talentos, que são a matéria-prima única que trazemos com nossa identidade, por isso a necessidade fundamental de descobrirmos esses valores e talentos para podermos ter excelência.

Como pano de fundo, sempre chamei atenção para a harmonia entre a vida profissional e a pessoal, que é extremamente sacrificada pelas várias atribuições e papéis da mulher contemporânea. Daí a importância de você parar para avaliar sua Roda da Vida. O tempo passa a ser o maior artigo de luxo da apressada sociedade contemporânea, numa situação agravada pelo fato de que é um recurso escasso e não renovável.

Sendo mais aberta do que o homem, a mulher tem maior facilidade de pedir ajuda, inclusive dispondo hoje da ferramenta do coaching. Nesse processo, ela poderá amenizar o sentimento de solidão, ganhar mais autoconfiança e ter efetivamente uma ajuda independente para trocar ideias sobre como projetar sua carreira, bem como dividir seus dilemas, medos e angústias. Lembro sempre que o papel do coach é estimular a reflexão para que você encontre as respostas a seus dilemas, mesmo porque todas elas estão prontas em seu mundo interior.

Não poderia deixar de lembrar a importância da roupa como ferramenta de comunicação, principalmente das mulheres. Como diz a socióloga inglesa Catherine Hakim, autora do livro *Capital erótico*, "as funcionárias atraentes ganham em média 12% mais do que as colegas descuidadas", segundo pesquisa da autora. Nos comentários sobre a maneira de se vestir levamos em conta o conceito de que "vestir-se bem é vestir a alma", uma vez que esse ato pode passar a ser uma expressão de comunicação congruente com a essência de cada mulher.

Conclusão

Durante esse passeio por vários ângulos do viver feminino, procurei incentivar as mulheres a formular uma nova visão do que seja a menopausa, que coincide com a fase em que se aproximam do momento de ajustar o ritmo após a aposentadoria, que hoje significa mudar de atividade e não parar. Esse momento é extremamente importante e por isso mesmo deve ser planejado com carinho para que você possa desfrutar de um período de maior tranquilidade, podendo dar sua contribuição ao próximo, compartilhando suas experiências.

Temos a sorte de viver numa época em que a medicina e novas tecnologias certamente nos ajudaram a ter uma vida mais longa. É quase inimaginável pensar como o mundo estará daqui a apenas 20 anos, ou seja em 2032. Sem dúvida estarão muito avançadas as técnicas para enfrentar o câncer, o mal de Alzheimer, as doenças do coração – se é que essas doenças já não terão sido extintas. Mas temos de fazer nossa parte assumindo responsabilidade de levar uma vida saudável, com uma alimentação sem excessos e praticando um esporte sempre, além de cuidar de nossa mente e buscar aquilo que nos transcende, seja qual for nosso sistema de crenças.

Chegamos em 2012 com a maioria dos médicos ainda nos olhando como uma coleção de pedaços, e não conseguem dar um diagnóstico clínico, nos encarregando de uma enormidade de exames cujos resultados muitos deles sequer têm capacidade de interpretar. Por isso, mais uma vez, quero insistir para que você, leitora, tenha seu médico de confiança, desenvolvendo uma relação e um vínculo para que ele possa compreendê-la como um todo, além de acompanhá-la nos exames periódicos.

Neste mundo em que se fala muito sobre o sucesso sem saber ao certo defini-lo em outro termos além da conta bancária, espero tê-la estimulado a pensar sobre o que isso significa. A partir disso, sua vida pode adquirir outro foco e começar a ser mais congruente com seus valores mais profundos.

Quero agora fazer uma recomendação que em geral faço para aqueles que têm um contato direto comigo, seja em cursos, seja no próprio processo de coaching: duvide de tudo que você leu neste livro. No entanto, não fique esperando que as respostas a suas indagações surjam sem esforço. Questione-se e busque suas próprias soluções de vida e sua verdade. Seja proativa no caminho de seu desenvolvimento como mulher e como profissional.

Espero que os assuntos que levantei não fiquem mofando em sua biblioteca. Por sinal, passe este livro adiante e discuta os assuntos aqui tratados com aqueles que você tem a seu redor. Sem nenhuma pretensão professoral ou de erudição, me esforcei em fazer deste livro uma leitura rápida e agradável, colocando algumas questões que sei não serão fáceis de responder. Mas não desista de respondê-las. Mesmo porque, depois de tudo que vivenciei em minha vida até aqui, sinto a forte inclinação de dizer que o óbvio está nas coisas simples. E creio que estamos vivendo um momento muito peculiar, em que devemos buscar o simples e compartilhá-lo com aqueles que amamos.

Seja feliz!

Referências Bibliográficas

BARNARD, Malcolm. *Moda e comunicação*. Rio de Janeiro: Rocco, 2003.

BRIZENDINE, Louann. *The female brain*. Ed. Bantam Books, 2007.

BUCKINGHAM, Marcus; CLIFTON, Donald O. *Descubra seus pontos fortes*. Rio de Janeiro: Sextante, 2008.

CHOPRA, Deepak. *As sete leis espirituais do sucesso*. Rio de Janeiro: Best Seller, 2009.

COACH. In: *DICIONÁRIO* Webster's ingl-port. V.V. São Paulo: Record, 1998, 914 p.

COMUNICAR; CONFIANÇA; CONTROLE; EQUILÍBRIO; RESPONSÁVEL; VALOR. In: *DICIONÁRIO* Aurélio da língua portuguesa. 5. ed. Editora Positivo, 2010.

RESPONSABILIDADE; VALOR. In: *DICIONÁRIO* de filosofia. 5. ed. São Paulo: Editora Martins Fontes, 2007.

DECISÃO; EQUILÍBRIO; SOLIDÃO. In: *DICIONÁRIO* Houaiss da língua portuguesa. Rio de Janeiro: Objetiva, 2004.

DEL PRIORE, Mary. *Revista IstoÉ*, n° 2.104, 5 mar. 2010.

DOWD, Maureen. *Revista Veja*, Edição Especial – Mulher, maio 2006.

GRAY, John. *Homens são de Marte, mulheres são de Vênus*. 12. ed. Rio de Janeiro: Rocco, 1997.

HAKIM, Catherine. *Capital erótico*. Rio de Janeiro: Best Business, 2012.

HAMERMESH, Daniel. *Revista IstoÉ Dinheiro*, n. 680, 15 out. 2010.

LIMA, Paula Garcia. Moda, identidade e comunicação. In: *Actas de diseño*, ano V, v. 10, mar. 2011, p. 213-18.

LIPOVETSKY, Gilles. *Os tempos hipermodernos*. São Paulo: Barcarolla, 2004, p. 63.

MACHADO, A. *Anatomia funcional*. 2. ed. Rio de Janeiro: Atheneu, 1993.

MASLACH, C. *Burnout: the cost of caring*. Englewood Cliffs, São Paulo: Prentice-Hall, 1982.

MASI, Domenico de. *A emoção é a regra*. Rio de Janeiro: Ed. José Olympio, 1997.

SMITH, Hyrum W. *What Matters Most*. Ed. Simon & Schuster, 2000.

Bibliografia Recomendada

A seguir divido com você uma lista de livros que serviram de inspiração para os assuntos que desenvolvi ao longo deste trabalho.

ARNOT ROBERT, M. D. *The Biology of Success* – Set your mental thermostat to high with Dr. Bob Arnot's prescription for achieving your goals!, [Edition 2000], Boston, New York, London, Little, Brown and Company.

BAR-ON REUVEN & PARKER JAMES D. A. *Manual de Inteligência Emocional* – Teoria e aplicação em casa, na escola e no trabalho, [Edição 2000], São Paulo: Artmed Editora AS.

BATESON GREGORY. *Steps to an Ecology of Mind* – with a new foreword by Mary Catherine Bateson [Edição 2000], Chicago: The University of Chicago Press.

BAUMAN, Zygmunt,. *Vida Líquida* [Edição 2007], Rio de Janeiro: Jorge Zahar Editor Ltda.

BUCKINGHAM, MARCUS & CLIFTON, DONALD O., Ph.D. *Now, Discover your Strengths* [Edition 2001]. New York: The Free Press – A division of Simon & Schuster Inc.

CHOPRA, Deepak. *As sete leis espirituais do sucesso* – Guia prático para realização dos seus sonhos 46. ed. Rio de Janeiro: Best Seller, 1994.

COOK MARSHALL J., *Efective Coaching* [1999 Edition]. Nova Iorque: The McGraw-Hill Companies, Inc.

DAMÁSIO, Antonio R. *O Ero de Descartes*. Emoção, razão e o cérebro humano. [Edição 1996]. São Paulo: Schwarcz Ltda.

DILTS, Robert B. *Visionary Leadership Skills* – Creating a world to which people want to belong [Edition 1996]. California: Meta Publications.

GOLEMAN, Daniel Ph.D. *Inteligência Emocional* – A teoria revolucionária que redefine o que é ser inteligente. 78. ed. Rio de Janeiro: Objetiva Ltda.

_____. *Working with Emotional Intelligence*. New York: Bantam Books, out. 1998.

JAWORORKI, Joseph. *Syncronicity* – The Inner Path of Leadership. San Francisco: Berrett-Koehler Publishers, Inc., 1998.

LIPOVETSKY, Gilles & SÉBASTIEN, Charles. *Os tempos hipermodernos.* 2. reimpressão. São Paulo: Barcarolla, set. 2005.

LUNDIN, Stephen C. *Paul Harry and Christensen John, Fish*! – La Eficacia de un Equipo Radica en su Capacidad de Motivación 4. Edición, 2001. Barcelona: España, Ediciones Urano, SA.

MASI, Domenico De. *A emoção é a regra* – os grupos criativos na Europa de 1850 à 1950. Rio de Janeiro: José Olympio, 1997.

_____. O futuro do trabalho – fadiga e ócio na sociedade pós-industrial. 8. ed. Rio de Janeiro: José Olympio, 2003.

MC. KENNA, Regis. *Real Time* – Preparing for The Age of The Never Satisfied Customer [Edition 1997]. Massachusetts: Harvard Business School Press.

O'NEILL, Mary Beth. *Executive Coaching with Backbone and Heart* – A System Approach to Engaging Leaders with Their Challenges [Edition 2000]. San Francisco: Jossey-Bass Inc., Publishers.

RATH, Tom. *Strengths Finder* 2,0. The Gallup Organization. Nova Iorque: Gallup Press, 2007.

SELYE, Hans. M.D. *The Stress of Life* – The famous Classic – Completely revised, expanded, and updated with new research findings [Copyright renewed 1984 by Louise Drevet Selye]. Nova Iorque: The McGraw-Hill Companies, Inc.

SMITH, Hyrum W. *What Matters Most* – The power of Living Your Values [Copyrigth 2000 by Franklin Covey Co]. Nova Iorque: Simon & Schuster, 2000.

TOLLE, Eckhart. *O poder do agora*. Um guia para a iluminação espiritual. Rio de Janeiro: Sextante, 2000.

_____. *Um novo mundo, uma nova consciência*. Rio de Janeiro: Sextante.

WIND, Yoram (Jerry), CROOK, Colin & GUNTHER, Robert. *A força dos modelos mentais* – transforme o negócio da sua vida e a vida do seu negócio. São Paulo: Artmed, 2005.

Sites Recomendados

Fundação do câncer: www.cancer.org.br – Dicas e informações para prevenção do câncer de mama.

Revista *Mente e Cérebro*: www.cerebromente.org.br

Site voltado para as mulheres, com dicas sobre investimentos e finanças pessoais: www.comoinvestir.com.br.

Conselho Regional de Administração de São Paulo: www.crasp.gov.br – Nesse site encontra-se a área do GEC (Grupo de Excelência em Coaching), trazendo definições, código de ética e atividades voltadas ao coaching.

Site de Cristina Guardiã: www.cristinaguardia.com.br. – Moda feminina e dicas de como se vestir em várias ocasiões.

Revista de empreendedorismo: www.fastcompany.com

Materiais de pesquisas e teses da Universidade de Harvard: www.hno.harvard.edu/gazette

Site voltado para gestão de talentos: www.hci.org – Human Capital Institute – The Global Association for Strategic Talent Management.

Isma Brasil – Instituto voltado a pesquisas e trabalhos envolvendo o estresse: www.ismabrasil.com.br

Grupo de Mulheres Líderes Empresariais: www.lidem.com.br

Dra. Mara Diegoli – Dicas sobre a menopausa, entre outros temas de saúde: www.maradiegoli.com.br

Márcia De Luca – site voltado para a prática de ioga, medicina aiurvédica, meditação, bem-estar e saúde: www.ciymam.com.br

Roberta Gerhardt – traz dicas de estilo.: <www.robertagerhardt.com.br

Roberto Girola – Aborda interessantes temas sobre psicanálise e terapia familiar: www.robertogirola.com.br

Notícias e comentários sobre o estresse do dia a dia: www.stressbreak.com.br

Artigos sobre como lidar com a menopausa: www.vivermenopausa.com

Impressão e acabamento
GRÁFICA E EDITORA SANTUÁRIO
Em Sistema CTcP
Capa: Supremo 250 g
Miolo: Chamois 80 g
2ª Impressão: 2012
Rua Pe. Claro Monteiro, 342
Fone (12) 3104-2000 / Fax (12) 3104-2036
12570-000 Aparecida-SP